江苏省高校优势学科建设工程项目资助
江苏省高校品牌专业建设工程资助项目

人体运动动作测量与分析实践指导

主　编　陆阿明　张秋霞

苏州大学出版社

图书在版编目(CIP)数据

人体运动动作测量与分析实践指导 / 陆阿明,张秋霞主编. —苏州:苏州大学出版社,2017.7
江苏省高校优势学科建设工程项目资助 江苏省高校品牌专业建设工程资助项目
ISBN 978-7-5672-2170-3

Ⅰ. ①人… Ⅱ. ①陆… ②张… Ⅲ. ①运动人体测量学—高等学校—教学参考资料 Ⅳ. ①G804.49

中国版本图书馆 CIP 数据核字(2017)第 169434 号

人体运动动作测量与分析实践指导

陆阿明 张秋霞 主编

责任编辑 倪 青

苏州大学出版社出版发行
(地址:苏州市十梓街1号 邮编:215006)
宜兴市盛世文化印刷有限公司印装
(地址:宜兴市万石镇南漕河滨路58号 邮编:214217)

开本 700 mm×1 000 mm 1/16 印张 8.25 字数 135 千
2017 年 7 月第 1 版 2017 年 7 月第 1 次印刷
ISBN 978-7-5672-2170-3 定价:25.00 元

苏州大学版图书若有印装错误,本社负责调换
苏州大学出版社营销部 电话:0512-65225020
苏州大学出版社网址 http://www.sudapress.com

主编简介

陆阿明,男,江苏苏州人,博士,苏州大学体育学院教授,博士研究生导师。中国体育科学学会运动生物力学分会委员、体质研究会委员,江苏省体育科学学会常务理事、运动生物力学专业委员会主任委员,苏州市体育科学学会理事长。主要从事运动生物力学、运动技术诊断与评价、人体运动控制等领域的教学科研工作。

张秋霞,女,江苏泰州人,博士,苏州大学体育学院教授,硕士研究生导师。美国宾夕法尼亚州立大学生物力学实验室访问学者。江苏省体育科学学会运动生物力学专业委员会秘书长,中国残疾人康复协会康复教育专业委员会常务委员,中国智慧体育-体育系统仿真专业委员会委员。主要从事运动生物力学、体育测量与统计等领域的教学科研工作。

编写说明

　　本书是体育类本科专业的实践指导和教学实验参考书,由陆阿明、张秋霞担任主编。第一、三、四章由陆阿明编写,第二、六章由张秋霞编写,第五、八章由毛晓锟编写,第七章由王国栋编写。

　　本书主要围绕人体运动动作测量与分析有关的基础理论和人体惯性参数的测量方法、人体运动的运动学和动力学参数的测量与分析及其应用、人体稳定性与协调性的测量与分析及其应用,以及人体肌肉活动的测量与分析及其应用等内容组织编写,目的是为体育专业本科学生在校期间或毕业后从事运动动作和运动技术教学、训练时能正确地开展相关参数的测量与分析,从而提高教学与训练的效果。书中部分内容可作为运动生物力学、康复运动生物力学、运动技术诊断与评价等课程的实验教学参考书。

　　由于编写时间仓促,加上编者对相关参数测量、分析与应用理解的局限,书中疏漏与错误在所难免,希望得到使用者的批评与指正。

编者

目 录

第一章　人体运动动作测量与分析概述 …………………………… 001
　　第一节　人体运动动作测量与分析的内容 ………………… 001
　　第二节　人体运动动作测量与分析的一般方法 …………… 011

第二章　人体运动动作测量的误差与数据处理 …………………… 017
　　第一节　人体运动动作测量的误差 ………………………… 017
　　第二节　人体运动动作测量的数据处理 …………………… 020

第三章　人体惯性参数的测量与评价 ……………………………… 032
　　第一节　人体惯性参数测量概述 …………………………… 032
　　第二节　人体惯性参数的测量方法 ………………………… 040
　　第三节　图片测量人体二维重心 …………………………… 042

第四章　人体运动的运动学参数测量与分析 ……………………… 046
　　第一节　人体运动的运动学参数 …………………………… 046
　　第二节　人体运动的运动学参数测量方法 ………………… 051
　　第三节　人体运动的运动学参数测量与分析的应用 ……… 062

第五章　人体运动的动力学参数测量与分析 ……………………… 071
　　第一节　人体运动的动力学参数 …………………………… 071
　　第二节　人体运动的动力学参数测量方法 ………………… 074
　　第三节　人体运动的动力学参数测量与分析的应用 ……… 081

第六章　人体稳定性的测量与分析 ………………………………… 085
　　第一节　人体稳定性概述 …………………………………… 085
　　第二节　人体稳定性的测量方法 …………………………… 089
　　第三节　人体稳定性测量与分析的应用 …………………… 097

第七章　人体肌肉活动的测量与分析 …………………………… 100
第一节　肌肉力量测量 ……………………………………… 100
第二节　肌电的测量与分析 ………………………………… 106

第八章　人体运动协调性的测量与分析 ………………………… 112
第一节　人体运动协调性概述 ……………………………… 112
第二节　人体运动协调性的测量方法 ……………………… 114
第三节　人体运动协调性测量与分析的应用 ……………… 123

主要参考文献 …………………………………………………… 126

第一章　人体运动动作测量与分析概述

人体运动行为的产生是在中枢神经系统的支配下,通过骨骼肌的收缩和舒张实现的。从简单的运动动作到复杂的运动技术,其外在表现均受制于个体状况、环境条件,以及运动任务本身的要求。人体运动动作的测量与分析是指对个体完成运动动作或运动技术行为过程中的相关参数进行观察与测量,并与运动技术原理、他人完成相同运动动作与运动技术进行比较与分析,从而为体育教师、教练员纠正运动动作、预防运动损伤、提高运动技术水平服务。

第一节　人体运动动作测量与分析的内容

一、运动动作与运动技术

（一）运动动作结构及其特征

在体育运动实践中,通常对人体完成的完整的特定动作,根据其固有的特点以及与其他动作的联系与区别进行命名,这样就有了许多的运动动作的名称及其表现形式。这种一个动作区别于另一个动作的特征,称为该动作的动作结构。它是区别不同动作以及正确动作和错误动作的依据。因此,人体运动动作测量与分析的基本单元即为运动动作,每个动作的动作结构不同。对人体运动动作进行测量与分析是体育教师、教练员的重要能力。只有具备区分不同动作、判别正确与错误动作的能力,才能有效实施运动动作教学,纠正错误动作。

动作结构是组成动作的要素,不同动作之间与正误动作之间的差异主要表现在动作的运动学和动力学两大方面,分别称为运动动作的运动学特征和动力学特征。运动学特征是指完成动作时的时间、空间和时空方面表现出来的形式或外貌上的特征,即完成动作过程中人体各关节、各环节(头、躯干、四肢)随时间变化所表现出来的空间差异;动力学特征则是指决定动作形式的各种力(力矩)相互作用的情况和特点,包括力、惯性和能量特征三个方面的差异。

1. 运动学特征

（1）时间特征。时间特征反映的是人体运动动作与时间的关系,不同动作的开始时刻与结束时刻、动作的持续时间等不同。例如,半蹲起立和深蹲起立两个动作,一般来说完成半蹲动作的时间要比深蹲动作的短一些。在对运动动作的时间要素进行测量与分析中,除了最基本的时间长短外,还应该关注动作的一些关键时刻、动作出现的频率等。例如,立定跳远时上肢的前摆和蹬伸结束的时刻应该同步,否则就可以判定未能有效或正确完成立定跳远动作。

(2)空间特征。空间特征是指人体完成运动动作时身体各环节随时间变化所产生的空间位置改变情况。不同动作身体各环节的运动轨迹不同。例如,侧平举与前平举,上肢环节的空间移动路线不相同,因而构成了两个不同的运动动作。如果在完成运动动作过程中,某个环节没有按照动作的要求在空间移动,即构成了错误动作。

(3)时空特征。时空特征是指人体完成运动动作时人体位置变化的快慢情况,它全面展示了动作的时间和空间特征。不同动作的时空特征不同,也就决定了动作形式的快、慢差异。例如,腿的摆动有快速摆动和缓慢摆动之分,不仅形成了不同的动作名称与动作差异,而且还是判定动作完成正确与否的要点。

2. 动力学特征

(1)力的特征。人体运动是通过人体与环境的相互作用实现的,力是人体运动的根本原因。人体动作的实现是内力与外力共同作用的结果,外力表现在外部环境对人体的作用,内力中的肌肉力接受大脑皮质的控制,保证正确的动作表现形式。肌肉力是人体完成动作时唯一可控的主动力,没有肌肉的适时收缩和舒张,就不可能产生任何人体的主动动作。肌肉力的大小、用力的时机决定了运动动作其他特征的表现方式。

(2)能量特征。人体运动的实现是体内储存的生物能转化成外在的机械能,表现为人体运动时完成的功、能、功率,以及机械效率等。运动员与一般人完成相同动作表现出的差异与能量的利用效率有密切关系。在一定程度上,运动时的能量利用效率是判定动作完成优劣的重要依据。

(3)惯性特征。人体运动中人体整体、环节以及运动器械的质量、转动惯量对运动动作具有一定的影响。例如,投掷轻标枪要比重标枪容易得多,就是由于重标枪的惯性大的缘故。

（二）运动技术

1. 运动技术的概念

大量单一动作按一定规律组成成套的动作体系，叫作动作系统，在体育运动中一般称为运动技术。运动技术构成了人体整体有目的的运动行为，运动技术的合理性与运动行为的目的性是一致的，这是运动技术测量与分析的重要和关键内容。只有明确运动技术的环节目标和终极目标，才能分析运动技术中各动作完成的合理性，才能分析每个动作与整体技术之间的关系。运动技术的运动动作组成方式根据运动技术项目的不同而有严格的规定，并遵循着一定的原则。田径运动技术的动作组成是按照最合理的原则加以选择的，追求的是更高、更快、更强。体操运动中技术的动作组成往往是按比赛要求、规则规定选择的，追求的是高、难、新。在具有对抗行为的球类运动中，运动技术往往是不固定的，但许多基本的动作又是固定的，追求的是变化与控制。

2. 运动技术的分类

运动技术中的大量动作之间有复杂的相互关系。一方面，动作之间有相互帮助和相互促进的作用，使整个运动技术更加协调和完善；另一方面，动作之间也存在一定的相互干扰，通过改进技术动作以减小这种干扰作用是推动运动技术形成和发展的内因。另外，改变运动技术中动作的形式或组合，是体操、跳水等运动项目中技术创新的主要途径。根据动作组成的特点对运动技术进行划分，可以将体育运动中的运动技术分为四类。对每一类运动技术特点的掌握和运动技术中关键动作的认识是运动技术分析的主要内容之一。

（1）周期性运动技术。以周期循环的规律出现的动作组合被称为周期性运动技术。例如，竞走、赛跑、游泳及速度滑冰等运动项目都属于周期性运动动作。周期性运动动作的组成有以下特点：① 动作的反复性和连贯性。动作周而复始、多次反复进行，其中每个动作周期内所包括的动作数量、性质和排列顺序都是一样的，每个动作周期的空间特征相同。② 动作的节律性。运动技术中，每个动作周期所占的时间比较固定，同时每个动作周期中的各个动作阶段的时间比例也比较固定，是该运动技术的时间特征。③ 动作的交互性。交互性表现为对侧肢体动作互换或上下肢体动作互换，前者如赛跑、速度滑冰等，后者如蛙泳等。④ 动作的惯性作用。运动在获得一定速度后会保持一定的惯性运动，是运动技术中动作比较连贯而有节律的原因之一。

(2) 非周期性运动技术。由各不相同的单一动作组合成的成套连续动作被称为非周期性运动技术。例如,器械体操中的成套动作,田径中的推铅球、投掷铁饼等都属于非周期性运动动作。非周期性运动技术的结构特点如下:① 动作具有相对的独立性。动作系中的每一个动作都有明显的开始和终了,并且是在很短的时间内完成的。② 动作具有复杂性和稳定性。运动技术由许多性质不同的单一动作组成,体现了其复杂性;而运动技术中的动作数量以及动作阶段性质、排列顺序和相隔时间都是固定的,显示出其稳定性。③ 动作之间的联系是人为的。各单一动作之间的联系是人为的组合。因此,在单一动作的结合上容易出现错误。

(3) 混合性运动技术。运动动作既有周期性成分,又有非周期性成分,这样的动作组合被称为混合性运动技术。混合性运动技术的结构特点为:① 两类动作成分相互制约。例如跳高动作中,助跑为周期性动作,跳跃为非周期性动作,前者为前驱动作,为后者创造一定的动力条件,并直接影响和决定着跳跃动作的最大功能效率。为实现运动技术的总目标,两者密切联系在一起。② 两类动作的结合部是运动技术的关键。例如,跳高动作中的起跳是助跑和跳跃的结合部,完成起跳动作比较困难且容易出现错误。在跳高中,起跳不仅要保持前驱动作获得的速度,而且还要为跳跃动作的肌肉爆发式工作做准备。

(4) 不固定运动技术。不固定运动技术是指既包含周期性动作又包含非周期性动作的复杂组合。它与混合性运动技术不同的是,两种动作的组合是复杂多变的。不固定运动技术主要有以下特点:① 运动技术复杂多变。例如一些球类项目中,环境条件复杂多变,要求运动员在完成运动技术时随机应变。② 固定和不固定相结合。运动技术中的一些基本动作比较固定,而由基本动作组成的运动技术不固定。

上述四种运动技术的主要特点如表 1.1 所示。

3. 运动技术的形成与发展

运动技术是指人们在运动中有效掌握和完成专门技术动作的能力。其形成除了需要个体能够完成一定数量的运动动作外,还需要通过在学习过程中泛化、分化,才能达到巩固自动化。在这一过程中,体育教师和教练员应根据运动技术自身的特点、运动技术形成规律、影响运动技术形成的因素实施教学和训练,并应用运动动作测量与分析技术分析错误动作产生的原因,及时纠正错误动作。

表1.1 不同运动技术的主要特点

运动技术类型	主要特点
周期性运动技术	① 动作的反复性和连贯性； ② 动作的节律性； ③ 动作的交互性； ④ 动作的惯性作用。
非周期性运动技术	① 动作具有相对的独立性； ② 动作具有复杂性和稳定性； ③ 动作之间的联系是人为的。
混合性运动技术	① 两类动作成分相互制约； ② 两类动作的结合部是运动技术的关键。
不固定运动技术	① 运动技术复杂多变； ② 固定和不固定相结合。

任何一个体育项目的运动技术结构都不是一成不变的，运动技术结构也经历着产生和发展的过程。运动技术的发展是提高运动技术和改善运动效果的需要。运动行为的目的性与运动技术的合理性应当是一致的，然而运动技术的合理性是相对的。运动技术中各个动作之间有着复杂的相互作用，动作之间的相互促进作用是主要的，但动作之间同时存在一定的相互干扰作用。提高技术、增强动作之间的相互促进作用、减少动作之间的相互干扰作用是运动技术结构发展的内在动力。当然，在运动技术结构的发展中，运动行为的目的性起着主导作用。

二、运动动作的影响因素

(一) 解剖学因素

人体运动动作是在内外因素的作用下，由神经系统协调全身各器官系统，通过运动系统（主要是骨、关节和骨骼肌）的活动直接完成的。人体通过神经系统控制骨骼肌的正、负反馈作用，使动作达到准确、精细的程度。人体的各个环节连接起来，构成了生物运动链，这是人体运动系统的基本结构，各种力作用在生物运动链上，引起各环节相对位置的改变，于是产生了人体姿位和运动状态的变化。

1. 环节与生物运动链

（1）环节。相邻关节之间的部分称环节。人体运动系统是由若干可以相对运动的部分组合而成的整体。人体的运动系统就是由多个环节组成的多环节系统，这种多环节结构使得人体运动系统能够灵活而自如地运动,也是人体能够完成复杂动作的前提。环节的质量与转动惯量、环节的长度均会对动作产生影响。

(2) 生物运动链。两个以上相邻环节串联式连接而成生物运动链。例如,上肢生物运动链由上臂、肘关节、前臂、腕关节和手构成,下肢生物运动链由大腿、膝关节、小腿、踝关节和脚构成。在完成运动动作过程中,生物运动链的活动有开放和闭合两种。末端为自由环节的生物运动链称开放链,无自由环节的生物运动链称封闭链。开放链的终末环节如果受到其他物体的约束即变成封闭链。开放链中各环节绕关节轴转动可使末端环节做圆弧运动或平动。平动是生物运动链中几个环节绕相应关节轴转动合成的结果。而封闭链中的环节不能单独运动,一个环节的运动必然伴随其他环节的运动。

(3) 环节自由度。环节自由度是环节运动能力的量度。在开放式生物运动链中,末端环节的自由度等于运动链中各关节自由度的叠加,如果叠加起来超过6个自由度,就相当于自由刚体。运动链环节的自由度决定了运动动作的多样性、协调性。自由度越多,运动动作越难控制。在要求精确性的运动动作中,控制自由度是技术目标实现的重要保证。

2. 骨杠杆

生物运动链中的骨杠杆同机械杠杆一样,也分为省力杠杆、平衡杠杆和速度杠杆。阻力点在支点和动力点之间的杠杆为省力杠杆,如提踵足尖站立时足构成的杠杆;支点在阻力点与动力点之间的杠杆为平衡杠杆,如篮球单手上手投篮前的持球以肘关节为支点所构成的杠杆;动力点在支点与阻力点之间的杠杆为速度杠杆,属于费力杠杆,这类杠杆在人体投掷动作和踢腿动作中常见,能够获得较大肢体末端速度,但需要较大肌力。在运动动作和运动技术的测量与分析中,通常会关注如何合理利用杠杆达到省力的目的或者利用杠杆发挥环节末端速度等方面的问题。

3. 骨骼肌的分工与协作

在完成一个动作时,不同的肌肉起着不同的作用,这是骨骼肌的分工。参与工作的肌肉所起的作用都不可能单独存在,而只能在互相配合中表现出来,这就是骨骼肌的协作。骨骼肌离开或缺乏这种分工与协作关系,体育动作将很难完成,或者极不协调。同时也应看到,在体育活动过程中,骨骼肌的分工和协作的关系不是固定不变的,而是会随着动作的改变而变化的。对每个运动动作中所参与骨骼肌作用的认识是运动动作与运动技术分析的主要内容。

(1)原动肌。原动肌是以主动收缩直接完成动作的肌肉,又可分为主动肌和副动肌。例如,握哑铃弯举中的肱肌、肱二头肌为主动肌,肱桡肌、旋前圆肌为副动肌。

(2)对抗肌。对抗肌是与原动肌作用相反的肌肉。例如,弯举动作中的肱三头肌为对抗肌。在主动肌收缩的时候,对抗肌的放松是动作协调性的重要体现。

(3)固定肌。将原动肌定点骨加以固定的肌肉,称为固定肌。如上述动作中的三角肌、胸大肌、背阔肌等都是固定肌。固定肌在运动活动中通常以等长收缩的形式工作,固定肌的力量强弱是人体运动动作能否完成的重要基础。近几年备受重视的核心肌群力量训练,主要是指通过加强人体运动中固定肌的作用来提高主动肌的运动效率和防止运动损伤的出现。

(4)中和肌。当原动肌对动点骨有两种以上的功能时,为了有效地发挥其中一种功能,须借助其他肌肉抑制另外的功能,这里的其他肌肉就叫中和肌,起着抵消(中和)某种功能的作用。例如,上述动作中的旋前圆肌"紧张"起着抵消肱二头肌屈肘的同时使前臂旋后的作用。

4. 骨骼肌的工作形式

(1)动力性工作或等张收缩。动力性工作是指骨骼肌在收缩过程中长度有变化的工作形式,包括向心工作和离心工作。向心工作又叫克制工作,是指肌力矩大于阻力矩,环节朝肌拉力方向运动,肌肉变短、变粗(肌腹隆起)、变硬。离心工作又叫退让工作,是指肌力矩小于阻力矩,环节朝肌拉力相反方向运动,肌肉变长、变细、变硬。

(2)静力性工作或等长收缩。静力性工作是指骨骼肌在收缩过程中长度不变的工作形式。在人体活动过程中其表现分为以下 3 种情况:① 支持工作:指位于关节某一侧的肌肉持续收缩,以平衡阻力矩使环节保持一定姿势工作。例如肋木悬垂举腿动作中腹肌、髂腰肌所做的工作。② 加固工作:指位于关节周围的肌肉同时持续收缩,以对抗关节由于外力牵拉作用而分离的工作。例如肋木悬垂时肩、肘、腕关节周围肌肉所做的工作。③ 固定工作:指关节运动轴两侧相互对抗的肌肉同时持续收缩,使环节保持固定的工作。例如手倒立时,屈肘肌群和伸肘肌群所做的工作。

5. 多关节肌的工作特点

多关节肌是指肌肉的起点与止点之间跨过 2 个关节的肌肉。多关节肌工作时常常会表现出"主动不足"和"被动不足"现象。多关节肌"主动不足"是指多关节肌在一个环节运动时已经缩短，在另一个环节运动时继续缩短困难的现象。例如，伸大腿以后再屈小腿感到费力的原因之一是股后肌群出现功能性"主动不足"。多关节肌"被动不足"是指多关节肌在一个环节运动时已经被拉长，在另一个环节运动时不能被继续拉长的现象。例如，伸直膝关节后再屈髋（直膝前摆），腿难以摆得高，这就是股后肌群"被动不足"现象。又如，充分屈腕后再屈指则会感到困难，这就是前臂的伸肌群作为对抗肌发生了"被动不足"现象。

6. 骨、关节、肌肉的相互作用

肌肉跨越关节收缩时肌力作用线不通过关节点，肌力可分解为沿着环节纵轴方向的法向分力和垂直于环节纵轴方向的切向分力，法向分力起着加固关节的作用，而切向分力对关节点产生力矩。环节的重力矩和外界的阻力也对关节产生力矩。一般跨越同一关节的有多块肌肉，这些肌肉收缩时的力矩与环节的重力矩和阻力矩的合力矩决定着关节的运动状态，使环节转动的角速度变化，或保持一定的关节角度。

生物运动链中，每块肌肉并非单独作用，肌肉总是以肌群的形式参与运动。在肌群内各块肌肉之间以及各肌群之间都存在着复杂的相互作用，这种相互作用既相互促进，也相互干扰。相互促进作用使生物运动链的运动更协调、更完善，而相互干扰则产生负面效应。生物运动链中关节周围的肌肉共同组成功能群而发挥功能作用。肌肉对关节的固定和解除固定使生物运动链中活动环节的数量发生变化。整个生物运动链有时可以固定成一个关节，有时运动可以发生于部分环节，乃至于生物运动链的所有环节。肌群的协调工作可保证生物运动链中各环节的运动方向，控制运动速度，通过制动来限制运动幅度，并在这个过程中实现了力量的传递。

（二）生理学因素

无论是人体运动动作的控制还是运动动作的实现，均依赖人体神经系统功能的完整性和能量供应系统的及时供能。其中任何功能的缺失与不足，或者达到了其能力的局限，则运动动作与运动技术将有不同的表现，这是人体运动动作测量与分析的重要内容，即运动动作与运动技术的生理学分析。

1. 神经系统功能的完整性

（1）感觉功能。神经系统的感觉功能是运动行为产生的基础，按照运动控制的反射理论,人体运动行为的产生就是对内外环境变化的应答性反应。与人体运动关系密切的感觉主要有视觉、听觉、位觉、皮肤感觉和本体感觉等,其中视觉、位觉和本体感觉与运动的关系最为密切。

(2) 运动功能。骨骼肌的收缩和舒张的信息源自于神经系统的兴奋与抑制。人体脊髓运动神经元池的 α 运动神经元通过其支配的肌纤维构成的运动单位参与人体肢体的随意运动;人体脑干通过各种姿势反射(状态反射、翻正反射、旋转运动反射、直线运动反射)来调节肢体的肌张力;小脑和基底神经节以及大脑皮质对运动进行较为精确的调控。运动任务的难易程度与动作要求的力量速度差异对神经系统运动功能的要求不同。

(3) 整合功能。人体完成运动的过程中,全身不同的肌肉担负着不同的功能,这就需要神经系统的整合。通过神经系统的整合,人体应该收缩的肌肉收缩,应该放松的肌肉放松,同时保持与环境之间的协调。可以说,有了神经系统的整合,才能正确地完成各项运动动作。除了运动控制系统自身的整合功能外,运动系统与自主神经系统的整合也在运动过程中起着重要作用。因为运动需要通过消耗氧气来氧化体内的能源物质,以供给肌肉的活动。

(4) 脑的高级功能。脑的学习和记忆功能本质上是建立条件反射的过程,条件反射的建立需要中枢神经系统参与,特别是高等动物具有对两个信号系统建立条件反射的能力,通过两个信号系统间的整合,条件反射的建立更加丰富。人体又通过学习与记忆建立起条件反射的抑制功能,使得人体的运动行为更加精确与多样化。

2. 能量连续统一体

(1) 人体的三个供能系统。由于人体骨骼肌活动的直接能源为三磷酸腺苷(ATP),而 ATP 在人体内的储量有限,人体通过 3 条途径合成 ATP,由于不同的供能系统能量的合成速率存在差异,因而不同能量供应系统的输出功率不同,决定了骨骼肌收缩力和速度的大小。① 磷酸原系统是由 ATP 和磷酸肌酸(CP)构成的系统。人体中的磷酸原系统是一切高功率运动,如冲刺、投掷、跳跃、足球射门等活动的供能基础。② 乳酸能系统也称无氧糖酵解系统,是指肌糖原或葡萄糖在无氧分解过程中再合成 ATP。它是机体处于氧供不足时的主要供能系统。乳酸能系统的重要意义是在氧供不足时仍能快速供能,以应对运动对能量的急需。③ 有氧氧化系统是指运动所需的 ATP 由糖和脂肪的有氧氧化过程再合成。

它是机体进行长时间耐力活动的主要供能系统。

（2）能量连续统一体。在不同的运动项目中，由于强度、持续时间以及动作技术结构等的不同，3种能量系统在不同的项目中所占的比例也不相同，即每个能量系统再合成ATP的比例与进行的运动专项有关。例如，100m跑是高功率输出的活动，其ATP的再合成主要依靠磷酸原系统；而时间长、强度小的马拉松跑，其ATP的再合成几乎全部是由有氧系统实现的。400m、800m跑时ATP的再合成除了依靠磷酸原系统外，还要依靠乳酸能系统再合成ATP。这种不同类型运动项目的能量供应途径之间以及各能量系统之间相互联系形成的一个连续统一体，运动生理学中把它称为能量连续统一体。

3. 运动性疲劳

无论是神经系统本身活动的限制，还是供给人体运动的能源物质消耗过多，以及由于能量供应过程代谢产物的堆积等因素，人体在运动过程中会出现运动能力暂时下降的现象，称为运动性疲劳。运动性疲劳可以由中枢的保护性抑制引起，也可以由外周的代谢产物堆积、内环境失调或者肌糖原耗竭引起。运动性疲劳是长时间运动的正常生理现象，但疲劳会对运动技术产生一系列影响，在人体运动动作和运动技术的测量与分析中必须考虑到这一点。

（三）力学因素

人体的运动动作归根到底是人体整体或环节，或是运动器械在一定时间内的空间位置变化，因而机械运动的本质特点决定了人体运动需要遵循基本的力学原理。凡是机械运动的力学原理基本都适用于人体的运动动作与运动技术，因此，掌握基本的力学原理及其在运动中的体现和作用是运动动作与运动技术测量与分析的首要依据。这些原理包括牛顿运动定律、动量定理和动量守恒定律、动量矩定理和动量矩守恒定律、功能原理等。以下列举一些影响人体或器械运动的基本力学原理。

1. 力（力矩）是运动状态改变的原因

人体或物体如果不受到外力（力矩）作用，或者所受的合外力（力矩）等于零，则人体或物体将保持原有的运动状态。也就是说，力（力矩）是物体运动状态改变的原因，人体或物体所受的力（力矩）越大，则运动状态的改变越明显。

2. 延长或减少力（力矩）的作用时间

不仅力（力矩）的大小可以影响人体或物体的运动，而且力（力矩）的作用时间也可以影响运动。力(力矩)和力(力矩)的作用时间的乘积为冲量(冲量矩),人体或物体的质量(转动惯量)与速度(角速度)的乘积为动量(动量矩)。人体或物体所受外力(力矩)的冲量(冲量矩)等于物体动量(动量矩)的增量。在运动中,增加力(力矩)的作用时间可以增加物体的运动速度;反之,延长力(力矩)的作用时间可以减小力(力矩)对人体或物体的影响(如落地缓冲等)。

3. 动量(动量矩)的传递

如果人体或人体与物体共同构成了系统,而系统不受外力(外力矩)的作用,则系统的总动量(动量矩)保持不变,但是系统内部的动量(动量矩)可以传递。这一原理既解释了运动中可以通过增加击打(踢)物体的质量和速度来增加击打(踢)效果的原因,也可解释人体在空中运动过程中角速度的改变和在轴间的转移。

4. 马格努斯效应

当球体在流体中既有平动又有转动时,球体表面附近的流体由于有黏性,将随着球体一起转动,形成绕球体的环流。环流与平动的流动叠加后,球体上方流体的合速度较原有的速度大,而球体下方的合速度较小。根据伯努利定律,流速大处压强小,流速小处压强大,球体受到一个由下指向上方的力,球的飞行轨迹发生偏转。这种现象就是马格努斯效应。

第二节 人体运动动作测量与分析的一般方法

一、了解运动技术的构成

要完成对某个运动动作或某项运动技术的测量与分析,首先应该对该运动动作或运动技术有较为全面的了解。一个完整的体育运动技术通常是由若干技术环节所组成的,而一个技术环节又可被划分为多个动作阶段。因此,在测量与分析某一特定的动作技术之前,首要的工作就是了解该项运动的动作结构及其层次关系。

(一)确定技术环节

例如,跳远运动分为助跑、起跳、腾空与落地四个技术环节,每一技术环节都有其明确的任务,而所有技术的最终目标就是取得更好的运动成绩。

(二)划分动作阶段

当一个技术环节的动作范围确定后,还应进行更为深入的动作阶段划分,从而为测量分析提供方便。动作阶段划分可依据肌肉工作形式、作用力的性质、动作方向以及人体与周围环境的关系进行。例如,跳远的起跳根据肌肉工作的形式可进一步划分为缓冲阶段和蹬伸阶段。

(三) 寻找特征画面

特征画面可作为区分不同动作阶段的临界点,如跑步的着地与离地瞬间就构成了支撑阶段,而最大缓冲瞬间(膝关节角最大屈曲位)又可将支撑阶段划分为缓冲与蹬伸两个阶段。对于某一特定的动作技术,其特征画面的构成总是确定的,并不会因人而异,否则就说明选取的特征画面不具有代表性,不能准确反映技术特征。

二、明确动作技术的目标

在一项动作技术分析方案中指明动作技术的目的和任务是非常重要的,这是动作技术分析的立足点和评价依据。

(一) 终极目标与技术环节目标

任何一项竞技体育项目的技术运用都是为了取得最理想的运动成绩,这就是运动项目的终极目标(表1.2)。

表1.2 体育运动项目的终极目标

总体成绩目标	项目举例
① 抛物体或人体,为了最大水平距离	铁饼、标枪、跳远、三级跳远
② 抛物体或人体,为了最大垂直距离	跳高、撑竿跳高、纵跳
③ 抛物体,为了最大的正确性	掷飞镖、射箭
④ 速度能增加效果,为了最大的正确性	板球投球、排球发球、网球发球、羽毛球扣杀
⑤ 为了克服阻力	举重、摔跤、柔道
⑥ 有时间和无时间限制,为了使身体移动规定的距离	越野跑、滑雪、游泳、定向越野
⑦ 用规定模式移动或定位身体及其环节,以获得理想或标准表演	体操、跳水、健美、舞蹈
⑧ 移动身体,为了与自然环境的接触	冲浪、爬山、滑翔、潜水

与动作技术的层次结构相对应,一项运动的终极目标的实现有赖于各个技术环节的衔接配合,各个技术环节也都有各自明确的动作目标,这就是技术环节目标。技术环节目标是终极目标的子目标,两者的最终目的是一致的。例如,跳高和跳远的技术环节目标就有所不同(表1.3)。

表1.3　跳高与跳远的技术环节目标

技术环节	跳高	跳远
助跑	以与自身力量和技术相协调的速度进入最理想的起跳位置。	以可控制的最大速率到达最理想的起跳位置。
起跳	尽可能地将助跑水平速度转化为垂直速度，获得与过杆技术相适应的起跳姿态。	在尽量保持水平速度的同时获得垂直速度。
过杆（腾空）	采取合适的空中身体姿势，最大限度地利用身体重心的腾起高度。	采取合适的空中身体姿势，维持身体平衡，为落地做准备。
落地	合理缓冲，保护身体。	选用合理的落地姿势，取得最远的水平丈量距离。

（二）目标要素与目标要素树

运动技术的目标要素是指构成或决定运动成绩的各种成绩因素。每一项运动都有许多相关的目标要素，它们彼此联系而又呈现严谨的派生关系，这种层次性结构被称为目标要素树。它包含了运动的终极目标要素（即成绩）与所有的技术环节目标要素。建立一项运动技术的目标要素树对于了解运动组成和技术环节的相互关系是非常有帮助的，而对目标要素进行定量测量和分析也是运动技术分析的重要环节，不同的技术和不同的个体往往就表现在不同的目标要素组合上。图1.1为途中跑的

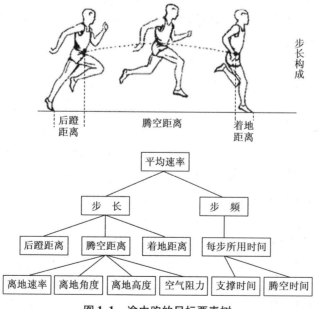

图1.1　途中跑的目标要素树

目标要素树图。短跑是以速度为核心的运动项目,因此可将"平均速率"作为其目标要素树中的最顶层目标,在此基础上逐步分解展开,形成树形结构。需要指出的是,目标要素树是在运动技术分析的基础上建立的,也将在运动技术分析中得以完善。

（三）围绕动作技术目标的定性分析

在对某一动作技术进行定量分析之前,有必要对其技术原理进行一定程度的定性分析。对动作技术的定性分析最重要的是要围绕动作技术的目标展开。例如,短跑途中跑的目标是维持高速,即技术上要求运动员尽可能地将速度维持在高水平上,由于此时运动员的能力已发挥到极限,因此,哪种技术能更好地保持最大水平速度、减少水平速度的波动,该种技术就是理想技术。另外,技术动作定性分析时还要注意技术目标的前后衔接和优化,理想的动作技术运用应该较好地继承前一阶段的目标成果,实现此阶段的目标任务,为下一个动作阶段的目标实现做好准备。

在对运动动作和技术的构成与目标全面了解和分析的基础上,只有对拟定测量与分析的运动动作技术相关要素及其影响因素进行定性分析,才能拟定具体的观察测量指标,实现对运动动作技术的测量与分析。

三、人体运动动作测量与分析的一般过程

由于现代科学技术的发展,现在很多测量仪器和设备不仅带有数据的描述功能,而且还具有一定的分析与评价功能。但是作为体育教师或教练员,需要掌握一些运动动作的测量方法和描述方法,以便于在体育课和训练课中实施运动动作的测量与分析,一方面为更好地评价积累基础数据,另一方面也能及时有效地指导学生学习新动作、纠正错误动作、防止动作技术不当造成的损伤。无论是对相对简单的运动动作进行测量与分析,还是对复杂的运动专项技术进行测量与分析,其基本过程是一致的,包括观察测量与描述、定性与定量分析、做出评价3个基本阶段（图1.2）。

（一）测量与描述

在运动动作的测量与分析中,观察测量是指利用人体感觉器官和相关的仪器设备获取人体在完成某一动作过程中的运动学或动力学数据。而描述就是将这些观察测量得到的数据客观、准确地表达

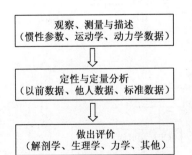

图1.2 运动动作测量与分析的一般流程

的过程。测量过程总是伴随着结果数据的输出,从这个意义上讲,测量与描述在功能上是不可分的,对观察测量的结果进行整理的过程即为描述。一般来说,描述的方法需要在观察测量前就拟定,观察测量后进行整理,通常可以整理为表格展现的方式(表1.4)和图形展现的方式(图1.3)。

表1.4　10m跳台跳水407C动作空翻转体每周的时间和质心高度数据

空翻转数	时间(s)	质心高度(相对于跳台,m)
1	0.211	0.88
2	0.195	0.56
3	0.174	-0.04
4	0.169	-0.90
5	0.172	-2.07
6	0.177	-3.57

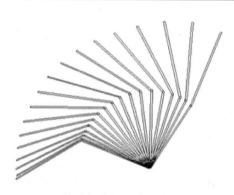
棒球投球的上肢运动棍图

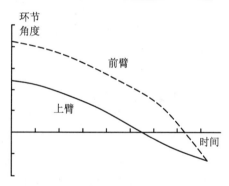
棒球投球的环节角度-时间曲线

图1.3　棒球投球的上肢运动棍图和环节角度-时间曲线

(二)分析

分析是对整理的资料和数据与已知的事实、材料进行比较、对比的过程,目的是揭示测量结果所包含的客观规律,从而为科学评价奠定基础。运动动作分析方法大体可以分为定性分析和定量分析两种。两者互为基础、互相补充。在运动动作的分析中往往需要对所测定的数据进行某种数学运算,使之能以另一种形式来表达,或将多种数据源整合在一起进行运算,产生一些不能直接测定的变量的过程。目前,运动动作分析的定性分析主要是在测量的基础上,根据体育教师和教练员的经验做出分析,而定量分析通常使用相关的分析软件自动完成。

运动动作的分析与其他科学领域中讨论的分析内涵一致,采用的方法主要是逻辑分析方法、数理统计分析方法和系统科学的分析方法等。在运动动作和运动技术的分析中,有些分析只针对人体环节或整体的运动时间、位移、速度、加速度或角位移、角速度、角加速度等进行分析,称为运动学分析;有些分析则针对人体运动中的力和力矩的大小、方向、作用点、冲量、功、功率等动力学相关指标进行分析,称为动力学分析。考察肌肉收缩时出现的电信号与肌肉功能的某些参数之间的关系,明确肌肉的用力程度和用力顺序等的分析也应纳入动力学分析的范畴。

比较和对比是运动动作分析的主要使用手段。一般来说,运动动作的分析是依据现时的测量结果,通过与以前数据、他人数据以及一些标准数据的比较与对比,以此确定运动动作或运动技术的准确性、合理性等,从而为运动动作或技术的评价提供可靠的依据。例如,体育教师在体育课上采用测定学生立定跳远的距离,通过同学之间的相互比较或与达标要求进行比较,定性地判断学生立定跳远技术的合理性与正确性;教练员在训练课上采用观察背越式跳高运动员过杆时身体重心与横杆的位置关系,通过与该运动员先前数据的比较来定量分析运动员过杆技术的提高情况。

(三) 评定

评定是对人体在完成运动动作和运动技术过程中,是否符合人体运动的基本规律、是否达到教学与训练目标、是否可以有效合理地改进的一种综合性判定过程。它既是分析结果的概述,也是提出建议与措施的依据。体育教师和学生经常会关注的是"这个动作错在哪里,如何纠正?"教练员和运动员问得最多的可能是"现在我们所使用的训练方法是否比以前更有效?为什么?"而研究人员可能更关心的是"我们所做的解释和推断是否真正反映了运动背后的生物力学机制?"这些问题的回答都依赖于对运动动作与运动技术的评定。然而,由于人体运动的复杂性,有些我们所面临的问题不可能通过一次评定就全部得到解决。许多未知的或不能确定的因素都会给评定带来一定的困难,同时由于评定是基于测量与分析的,测量误差和分析方法的局限性也都影响着评定结果的有效性。

评定过程主要建立在测量与分析的基础上,即在事实的基础上综合地应用解剖学、生理学与力学的基本理论,有时还需要结合运动训练学、运动心理学等理论才能做出。无论是从实践角度还是从理论角度,对评定而言,测量与分析是基础。只有测量真实、可靠,分析正确、合理,才能得到客观、有效的评定结果。

第二章 人体运动动作测量的误差与数据处理

在对人体运动的各类参数进行测量时,由于人体运动动作的参数具有非线性、复杂性和相对性等特征,加上测量方法和测量设备的制约,以及环境因素的影响等,使得测量结果与真值之间存在一定的差异,这就是测量误差。可以说,误差的存在是必然的、普遍的。因此,必须对误差进行研究,分析其产生的原因、表现的规律,以减小或最终消除误差。

测量参数的原始数据在一般形式上是参差不齐的,需要运用数学方法加以精选、加工,从中引出反映客观事物内部规律的东西,从而获得可靠的、真正反映事物本质的结论,这就是数据处理。

第一节 人体运动动作测量的误差

一、误差的表示方式

误差是测量值和真值之间的差异,测量值偏离真值的表示方式常用以下指标来表示。

(一) 绝对误差

绝对误差是指测得值与真值之差。一般情况下,真值是未知的,为了进行误差计算,可以用真值的近似值(如测得值的算术平均数)来表示。但在下列3种情况下,认为真值是已知的:

(1) 根据理论公式计算所得的结果(理论真值);

(2) 国际上公认的某些基准量(规定真值);

(3) 高一等级指示值即下一等级的真值(相对真值)。

(二) 相对误差

相对误差是指绝对误差与真值的比值(可以用百分比、千分比、百万分比表示,但常以百分比表示)。用相对误差便于评价精度的高低。一般来说,相对误差更能反映测量的可信程度。

(三) 引用误差

引用误差是指仪表的最大示值误差与仪表的测量上限或量程之比,

引用误差被用来确定仪表的精度等级,它常以百分数表示。

二、误差的具体表现

误差通常由测量装置、环境、方法和操作人员引起。人体运动动作与运动技术的测量误差在测量过程中的具体表现如下。

(一)抽样误差

在进行抽样研究时,从同一总体中抽取含量相等的若干样本,由于总体中各个体存在差异,而样本只包含总体中的一部分个体,因此每次求得的样本统计量与总体参数值之间或样本统计量之间均存在差异,这种由抽样引起的差异,称为抽样误差。

抽样时,尽管严格地遵循随机化的原则并保证较大的样本含量,然而由此所取得的样本统计量[$\bar{x}$或P(样本率)]未必恰好等于总体参数[u或π(总体率)]。即使从同一总体中抽取出许多组等含量的样本,它们的统计量($\bar{x}_i$或P_i)也不尽相同。其原因是总体中的各个体间存在着无法避免的差异。例如,在同年龄同性别的学生中,有的身材高一些,有的身材矮一些;在同项目同等级的运动员中,有的运动成绩好一些,有的运动成绩差一些;等等。因此,样本的统计量($\bar{x}_1$与$\bar{x}_2$,或P_1与P_2)之间或样本统计量与总体参数($\bar{x}$与u,或P与π)之间有所偏差。由于测试对象总是具有个体差异,而抽取的样本又永远只能是总体的一小部分,所以样本和总体之间以及各次抽取样本之间不可能完全一致,因而造成抽样误差。在进行人体运动动作与运动技术的测量时,各组获得的数据可能都不一致,与理论课中讲的数据也可能不一致,这往往是抽样误差的表现。抽样误差大,则说明用样本统计量代表总体参数的可靠性小;反之,抽样误差小,则说明用样本统计量代表总体参数的可靠性大。

影响抽样误差的因素取决于以下几个方面:

(1)原总体中个体的分散性。原总体中个体越分散(S大),则抽样误差越大;反之,则抽样误差越小。

(2)样本含量的大小。抽样的样本含量越小,抽样误差越大;反之,抽样的样本含量越大,抽样误差就越小。

(3)抽样方法和抽样的组织方式。数理统计已经证明,不重复抽样方法比重复抽样方法产生的误差小。系统抽样分层抽样的组织方式比简单随机抽样和整群抽样的组织方式抽样误差要小。

(二)系统误差

系统误差是由常定的、有规律的无关变量引起的。它稳定地存在于每一次实验测量和结果之中,使得对同一事物、现象或特征的多次测量与结果虽然一致,却不准确。而且它的方向与大小的变化是恒定而有规律的。在运动动作与运动技术的测量中,系统误差大多是由测试仪器的故障造成的。所以,对于系统误差,有的可以用平衡措施加以消除,有的则必须通过对测试仪器的校正来加以消除。在运动动作与运动技术的测量中,多数的测量需要一定的仪器设备,在这些仪器设备的操作中均规定了测试前需要进行一定的校正,目的就是减小系统误差。另外,在运动动作与运动技术的测量中,有些测量的原理和方法不完善,也会产生系统误差。例如,采用布拉温-菲舍尔(Braune-Fisher)人体惯性参数数据间接测量运动员重心时,一般会产生位置偏高的误差。

系统误差一般可通过实验或分析的方法,查明其变化的规律及产生的原因,因此它是可以预测的,也是可以部分消除的。在确定了它的数值大小和方向后,能够对测量结果加以修正;或者可以利用标准的测量仪器进行校正,得到仪器示值的修正值;或者采取一定的措施,改善测量条件,改进测量方法,使系统误差减小或消除,从而得到更加准确的测量结果。

(三)随机误差

随机误差又称偶然误差,它是由一系列有关测量因素的微小随机波动引起的方向不定又可互相抵偿的误差,是在排除了系统误差后仍然存在的误差。不像系统误差,随机误差是指观察测量中由一些主、客观的偶然因素引起的难以控制的误差。它使得对同一事物、现象或特征的多次测量得出不一致的结果,其方向和大小的变化完全是随机的,无规律可循的。

随机误差既不能用实验的方法消除,也不能事先修正,但可以通过增加实验测量的重复次数来降低随机误差。例如,在运动动作与运动技术的测量中,通过重复测定某一指标,计算其平均值,或者通过数学方法(如数据平滑处理等)来降低随机误差。

三、测试数据的精度

在测量中,误差小,则精度高;反之,则精度低。这是一个说明测试数据对真值偏离程度的笼统概念。实际上,测试数据的精度是由系统误差和随机误差的综合影响决定的。具体可以分为准确度、精密度和精确度。

(一)准确度

准确度所反映的是系统误差的大小和程度,表示测试数据的平均值与真值的偏差。系统误差越小,则表明测量准确度越高。

（二）精密度

精密度所反映的是随机误差的大小和程度，表示测试数据相互之间的偏差，即重复性。通常用标准差来表示。

（三）精确度

精确度所反映的是系统误差和随机误差合成的大小和程度。精确度高，则表明系统误差和随机误差都小，因而其准确度和精密度必定都高。

第二节 人体运动动作测量的数据处理

在运动动作与运动技术的测量中，测量数据有两类：一类是测量数据（被测量）不随时间而改变，如人体环节重量、环节的转动惯量等；另一类是测量数据随时间而变化，即被测量是时间的函数，一般称为测量数据变量，如人体运动时的位移量、在起跳过程中运动员的踏跳蹬地力等。无论是哪一类测量数据，都会存在误差，但不同类型数据的误差处理方法有本质的不同。对第一类数据主要采用统计学处理，而对于第二类数据主要采用平滑技术处理。

在运动动作与运动技术的测量与分析的本科实验中，最常见的测量数据统计处理有算术平均数和标准差、线性回归和相关系数，以及各种假设检验，数据的平滑处理技术有手工法、多项式曲线拟合、傅立叶级数法、样条函数法和数字滤波法等。

一、统计学处理

（一）集中量数

集中量数又被称为集中位置量数，是反映一组观察值的平均水平或集中趋势的统计指标。最常用的集中位置量数包括算术平均数、中位数和众数。当数据呈正态分布时，算术平均数、中位数与众数相等。

1. 算术平均数

假设对某一被测物理量在同等条件下进行了 n 次测量，其测量值为 $x_1, x_2, \cdots, x_n$。那么，我们选取哪一个值作为被测量的近似值呢？这个数就是 n 次测量值的算术平均数 $\bar{x}$，简称均数，其计算公式为：

$$\bar{x} = \frac{x_1 + x_2 + \cdots + x_n}{n} = \frac{\sum_{i=1}^{n} x_i}{n}$$

由统计学理论知道，当测量次数无限增大时，全部测量值的算术平均数等于被测值的真值,但事实上进行无限次的测量是不可能的。

算术平均数的求解步骤如下:

(1) 列计算表,求变量的总和,即 $\sum x$。

(2) 根据 $\bar{x} = \dfrac{\sum x}{n}$,求出样本的算术平均数。

均数反映全部观察值的平均数量水平,因而应用很广,但它最适用于对称分布资料,尤其是正态分布资料。因为这类分布资料的均数位于分布的中心,最能反映资料的集中趋势。

2. 中位数

中位数是指将 n 个测量数据按大小顺序排列后,位于中间位置的那个数或者位于中间位置的两个数的平均值。中位数用 M_d 表示,适用于在一组变量中大多数较集中,只有少数的甚至个别的分散在一侧的资料。它不受极端数据的影响。

当 n 为奇数时,按大小顺序排列后的第 $(n+1)/2$ 个数即为中位数;当 n 为偶数时,第 $n/2$ 个数与第 $n/2+1$ 个数之和的一半即为中位数。

中位数适用于描述任何资料的集中趋势,反映位次居中的观察值的平均水平。尤其是描述偏态分布、分布末端无确切值或分布不明的资料的集中趋势,在对称分布的资料中,中位数和均数在理论上是相同的。

3. 众数

众数是指反映一组观察值中出现次数最多的数或者频数分布表中出现频数最多的那组的组中值,用 M_0 表示。例如,在一组数据 5,6,6,6,6,8,8,9 中,6 出现了 4 次,所以 6 就是这组数据的众数。

(二) 离中量数

离中量数又被称为离散量数或离中位置量数,是表示数据分布离散趋势的特征数,包括极差、平均差、方差、标准差及变异系数等。下面重点介绍极差、标准差和变异系数。

1. 极差(全距)

极差(用 R 表示)是指一组变量值中最大值与最小值之差。用极差说明数据分布的离散程度,方法简单明了,但也有缺点:① 除了最大值与最小值外,不能反映组内其他数据的变异。② 样本较大时,抽到较大值与较小值的可能性较大,因而样本极差也较大,故样本含量相差较大时,不宜用极差来比较分布的离散度。③ 即使样本含量相同,极差也不够稳定。

2. 标准差

标准差也被称为标准偏差，它是一次测量中误差的统计量。其数学定义为：

$$S = \sqrt{\frac{\sum (x - \bar{x})^2}{n - 1}}$$

式中，S——总体标准差的估计值，简称样本标准差或标准差；

$\bar{x}$——样本均数；

x——样本中各变量值；

n——样本含量，$n-1$ 是自由度。

标准差小说明实验的有效控制较好。有时标准差也用于运动员完成相同动作的稳定性分析。

其求解步骤如下：

（1）列标准差的计算表，求出变量和 $\sum x$ 和变量平方和 $\sum x^2$。

（2）根据标准差的计算公式求得 S，其计算公式为：

$$S = \sqrt{\frac{\sum x^2 - (\sum x)^2 / n}{n - 1}}$$

一组数据在单位相同、均数相近的情况下，标准差越大，反映这组数据的离散程度越大。

3. 变异系数

变异系数记为 CV，其计算公式为：$CV = \frac{S}{\bar{x}} \times 100\%$。

变异系数多用于观察指标单位不同的情况下，如身高与体重的变异程度的比较；或者均数相差较大时，如儿童身高与成人身高的变异程度的比较。

（三）假设检验

在实际检验过程中，主要判定被检验的统计量之间的偏差是由抽样误差所造成的还是由总体参数不同所造成的。要做出判断，就需要对总体先建立某种假设，然后通过统计量的计算及概率判断，对所建立的假设是否成立进行检验。这类方法被称为假设检验，又称显著性检验。

当我们进行假设检验时，首先要建立统计假设。统计假设有两种类型：一是原假设（或称无效假设），用 H_0 表示，该假设为肯定性假设，即假定所比较的样本统计量的总体参数相等；另一种是备选假设，常用 H_A 表示,该假设为否定性假设,即假设所比较的样本统计量的总体参数不相等。

一般情况下,统计检验常用原假设 H_0,通过样本数据的计算,有得出两种结果的可能。一种是否定原假设、接受备选假设,说明样本统计量之间的差异是由总体参数不同所造成的,具有显著性意义;另一种是接受原假设,说明样本统计量之间的差异是由抽样误差所造成的,总体参数相同。

1. 假设检验的分类

假设检验的方法有多种,根据其方法特点,可将检验方法分为两大类。

第一类是参数检验。它主要用于对统计参数的检验。该类方法只有在已知变量的分布形式时才能应用,如 u 检验、t 检验、F 检验等。

第二类是非参数检验。它主要应用于分布函数的检验。该类方法在不知道变量服从何种分布的情况下也能使用,如秩和检验、符号检验等。

2. 假设检验的步骤

假设检验的方法很多,但它们的检验步骤是相同的。假设检验的步骤如下:

(1)根据实际情况建立原假设 H_0。

(2)在检验假设的前提下,选择和计算统计量。

(3)根据实际情况确定显著性水平 α,一般取 $\alpha = 0.05$ 或 $\alpha = 0.01$,并根据 α 查出相应的临界值。

(4)判断结果,将计算的统计量与相应的临界值进行比较,如果前者≥后者,概率 $P \leq \alpha$,则差异显著,否定原假设;如果前者<后者,概率 $P > \alpha$,则差异不显著,接受原假设。

3. 假设检验中的两类错误

小概率事件在一次试验中不发生,但不等于绝对不发生。由于样本的随机性,在推断时就不可能绝对不犯错误。因此,当拒绝或接受一个假设时,就可能犯以下两类错误:

(1)错否定,即原假设实际上是正确的,而检验结论是否定 H_0,此时犯下弃真错误,统计上称为第Ⅰ类错误。

(2)错接受,即原假设实际上是不正确的,而结论是接受了 H_0,此时犯了取伪错误,统计上称为第Ⅱ类错误。

(四)相关系数

在现实世界中,不少变量之间存在着关系,但并不都属于确定性函数关系。对于某个相关因素的每一个数值,可能有许多个相应的数值与之对应。例如,身高与体重之间的关系就是这样。一般来说,身高越高,体重也越重,这是一种关系趋势。但身高相同的人,体重不一定相同,所以,对于同一身高的人,其体重也必定有重有轻,不尽相同。可是从总的趋势来看,某一身高水平有一个体重对应区间与之对应。事物间的这种关系在体育运动变量中是大量存在的。变量间既存在着密切关系,可又无法以自变量的值去精确地求得因变量的值,我们称这类变量之间的关系为相关关系,简称相关。

一般来说,有相关关系的变量不一定是从属的因果关系。很多情况下,变量间的关系是不清楚谁依从谁,它们的关系往往是双向的。相关分析是指用适当的统计量来描述两个变量或多个变量之间的相互关系,也就是定量显示变量之间的相关程度的方法。相关程度是多种的,所以描述形式也有多种,常用的是相关系数。

相关系数是表示两个变量(X 与 Y)之间线性关系的密切程度和相关方向的统计指标,简言之,相关系数就是两个变量之间相互关系的定量化描述,用符号 r 表示。

1. 相关系数的性质

相关系数没有单位,且数值在 -1 与 $+1$ 之间。$|r|$ 值越接近 1,表明变量之间的直线关系越密切;$|r|$ 值越接近 0,则表明变量之间的线性关系越不密切。若把两个变量(X 与 Y)所对应的点画在直角坐标平面上,则所得到的图形被称为散点图。相关系数 r 有下面几种情况:

(1) 正相关。即 $r>0$,当自变量 X 的值增大时,因变量 Y 的值相应增大,称为正相关,r 在区间 $(0,1)$ 上取值。

(2) 负相关。即 $r<0$,当自变量 X 的值增大时,因变量 Y 的值相应减小,称为负相关,r 在区间 $(-1,0)$ 上取值。

(3) 完全相关。即 $r=1$ 或 $r=-1$,当自变量 X 与因变量 Y 的关系完全对应时,称为完全相关(即变量间有函数关系),在散点图上表示为所有散点均在一条直线上。完全相关分为完全正相关和完全负相关。

(4) 无线性关系。即 $r=0$,当自变量 X 与因变量 Y 完全无线性关系时,则 y_i 值的大小不受 x_i 值变化的影响,反之亦然,称为无线性相关或零相关。另外,若散点密集于一条水平或竖直直线,即散点呈水平或垂直分布,则仍称为无线性相关。

2. 相关系数的计算公式

$$r = \frac{L_{xy}}{\sqrt{L_{xx} \cdot L_{yy}}} = \frac{\sum xy - \dfrac{\sum x \cdot \sum y}{n}}{\sqrt{\left[\sum x^2 - \dfrac{(\sum x)^2}{n}\right] \cdot \left[\sum y^2 - \dfrac{(\sum y)^2}{n}\right]}}$$

上式中,r 为相关系数;

$L_{xx} = \sum(x - \bar{x})^2 = \sum x^2 - \dfrac{(\sum x)^2}{n}$,为 X 变量的离差平方和;

$L_{yy} = \sum(y - \bar{y})^2 = \sum y^2 - \dfrac{(\sum y)^2}{n}$,为 Y 变量的离差平方和;

$L_{xy} = \sum(x - \bar{x})(y - \bar{y}) = \sum xy - \dfrac{\sum x \cdot \sum y}{n}$,为 X 和 Y 变量的离差积和。

3. 相关系数检验

根据样本资料计算得到的相关系数与其他统计量一样,也存在着抽样误差的问题。如果在总体相关系数 $\rho = 0$(即总体中不存在相关关系)的总体中随机抽样的话,由于存在着抽样误差,也可能抽到 $r \neq 0$ 的样本资料。因此,当以样本资料计算出相关系数 r 时,不能简单地根据 r 的大小对随机变量 X、Y 间关系密切程度做出判断。$r \neq 0$ 有两种情况:一种情况是,确实是从 $\rho = 0$ 的总体中抽取的,此时 r 与 $\rho = 0$ 的偏差仅仅是由抽样误差所致;另一种情况是,确实不是从 $\rho = 0$ 的总体中抽取的,而是从 $\rho \neq 0$ 的总体中抽出来的,此时 r 与 $\rho = 0$ 有着统计学中的显著差异。前者表明 X 与 Y 变量间没有线性相关关系,后者则表示 X 与 Y 变量间有线性相关关系。由于这两种情况都有可能存在,所以,当由样本资料所得到的相关系数 r 去推断总体是否相关时,必须对样本的相关系数进行显著性检验。其原假设 $H_0 : \rho = 0$,即总体中两变量之间零相关时,若检验结果是 $|r| < r_{\frac{\alpha}{2}}(n')$,或 $|r| < r_\alpha(n')$,或 $|t_r| < t_{\frac{\alpha}{2}}(n')$,或 $|t_r| < t_\alpha(n')$,则可以认为样本相关系数 r 属于 $\rho = 0$ 这个总体,表明 X 与 Y 两个变量间没有线性相关关系;反之,若检验结果是 $|r| > r_{\frac{\alpha}{2}}(n')$,或 $|r| > r_\alpha(n')$,或 $|t_r| > t_{\frac{\alpha}{2}}(n')$,或 $|t_r| > t_\alpha(n')$,则表明样本相关系数 r 与 $\rho = 0$ 之间有显著性差异,表明 X 与 Y 两个变量间线性相关关系显著。

在使用样本的相关系数 r 去推断 X 与 Y 两个变量之间的相关性时，只有在通过检验得出有显著性意义的情况下，才能根据相关系数 $|r|$ 值的大小来说明随机变量 X 与 Y 的相互关系密切程度。

（五）一元线性回归

线性相关用于描述两个连续型随机变量 X 与 Y 之间线性相关的程度，结论所反映的是它们相互之间的关系，两变量并无主次之分。对大量观察数据进行统计处理，找到它们之间的关系和规律，这种分析两个以上连续型变量在数值上线性依存关系的统计方法被称为线性回归。其中 X 为自变量（independent variable），也称为解释变量，可随机取值；而 Y 被视为依赖于 X 而变化的量，称为反应变量，或称为因变量（dependent variable）。在实际研究中，只有一个因变量及一个自变量的线性回归被称为一元线性回归；只有一个因变量但有多个自变量的线性回归被称为多元线性回归；而存在多个因变量及多个自变量的线性回归被称为多对多线性回归。

1. 线性回归主要解决的问题

（1）分析所得到的统计数据，找出变量间的数学表达式，即建立回归模型。

（2）对回归模型及其参数进行估计和检验，确定回归方程的效果。

（3）利用确定的回归模型分析影响因素对预测对象的影响程度，进行预测，并分析预测结果的误差范围及精度。

2. 回归分析的步骤

（1）确定回归方程中的解释变量和被解释变量。

（2）确定回归模型，建立回归方程。

（3）对回归方程进行各种检验。

（4）利用回归方程进行预测。

3. 一元线性回归分析

在研究两变量之间的关系时，一般先将两个变量的 n 对观察值所对应的 n 点在直角坐标系中描出散点图；当散点图呈直线趋势时，也就是两变量具有直线相关关系时，从专业知识角度分析两个变量之间存在因果关系，通常把其中的原因变量称为自变量，用 X 表示，而把结果变量叫因变量，用 Y 表示。此时可以采用一元线性回归分析法。

回归模型为：

$$Y = \alpha + \beta X + \varepsilon$$

理论上,自变量 X 与因变量 Y 的线性关系可用上式表示。其中,α 和 β 是固定但未知的参数,α 是常数项,β 是理论回归系数;ε 是随机误差项,它可由多种因素引起。对于每一组可以观察到的自变量、因变量数值 (X_i, Y_i),上式又可以表示为:

$$Y_i = \alpha + \beta X_i + \varepsilon_i$$

建立回归方程后,要对回归方程进行显著性检验。

(六)多元分析简介

多元分析是研究多个自变量与因变量相互关系的一种统计理论和方法,又称多变量分析。多元分析是单变量统计方法的发展和推广。人体运动动作与技术中的各种参数受到多种因素的制约,仅采用单变量分析难以揭示其内在结构以及各种影响因素的主次作用和交互影响。

1. 多元线性回归

一元线性回归是以一个主要影响因素作为自变量来解释因变量的变化,但在现实问题研究中,因变量的变化往往受几个重要因素的影响,此时就需要用两个或两个以上影响因素作为自变量来解释因变量的变化,这就是多元回归,亦称多重回归。当多个自变量与因变量之间是线性关系时,所进行的回归分析就是多元回归。设 y 为因变量,$x_1, x_2, \cdots, x_k$ 为自变量,并且自变量与因变量之间为线性关系时,则多元线性回归模型为:$y = b_0 + b_1 x_1 + \cdots + b_k x_k + \varepsilon$。上式中,$b_0$ 为常数项,$b_1, b_2, \cdots, b_k$ 为回归系数。b_1 为 $x_1, x_2, \cdots, x_k$ 固定时,x_1 每增加一个单位对 y 的效应,即 x_1 对 y 的偏回归系数;同理,b_2 为 $x_1, x_2, \cdots, x_k$ 固定时,x_2 每增加一个单位对 y 的效应,即 x_2 对 y 的偏回归系数;等等。如果两个自变量 x_1, x_2 同一个因变量 y 呈线性相关时,可用二元线性回归模型描述为:$y = b_0 + b_1 x_1 + b_2 x_2 + \varepsilon$。

建立多元性回归模型时,为了保证回归模型具有优良的解释能力和预测效果,应首先注意自变量的选择,其准则是:

(1)自变量对因变量必须有显著的影响,并呈密切的线性相关。

(2)自变量与因变量之间的线性相关必须是真实的,而不是形式上的。

(3)自变量之间应具有一定的互斥性,即自变量之间的相关程度不应高于自变量与因变量之间的相关程度。

(4)自变量应具有完整的统计数据,其预测值容易确定。多元线性回归是建立用多个自变量 $x_1, x_2, \cdots, x_k$ 来推测因变量 y 的统计方法。多元线性回归方程的一般形式为：$y = a + b_1x_1 + b_2x_2 + \cdots + b_kx_k$。多元线性回归分析除了建立回归方程外，还常讨论如下一些问题：回归的显著性检验和预测精度、复相关系数和偏相关系数、标准回归系数和因素分析以及变量的筛选等，这些问题在实际应用中都有重要意义。

2. 多元方差分析

多元方差分析是指把总变异按照其来源（或实验设计）分为多个部分，检验各个因素对因变量的影响以及各因素间交互作用的统计方法。例如，在分析 2×2 析因设计资料时，总变异可分为分属两个因素的两个组间变异、两因素间的交互作用及误差（即组内变异）四部分，然后对组间变异和交互作用的显著性进行 F 检验。多元方差分析可以在一次研究中同时检验具有多个水平的多个因素各自对因变量的影响以及各因素间的交互作用。其应用的限制条件是：各个因素每一水平的样本必须是独立的随机样本，重复观测的数据服从正态分布，且各总体方差相等。

3. 聚类分析

聚类分析是解决分类问题的一种统计方法。给定 n 个观测对象，每个观测对象有 p 个特征（变量），若对观测对象进行聚类，称为 Q 型分析；若对变量进行聚类，称为 R 型分析。聚类的基本原则是：使同类的内部差别较小，而类别间的差别较大。最常用的聚类方案有两种。一种是系统聚类方法。例如，要将 n 个对象分为 k 类，可先将 n 个对象各自分成一类，共 n 类；然后计算两两之间的某种"距离"，找出距离最近的两个类，合并为一个新类；重复这一过程，直到并为 k 类为止。另一种是逐步聚类或称动态聚类方法。当样本数很大时，先将 n 个样本大致分为 k 类，然后按照某种最优原则逐步修改，直到分类比较合理为止。

聚类分析是依据个体或变量的数量关系来分类，客观性较强，但各种聚类方法都只能在某种条件下达到局部最优，聚类的最终结果是否成立，尚须专家的鉴定。必要时可以比较几种不同的方法，选择一种比较符合专业要求的分类结果。

4. 判别分析

判别分析是判定个体所属类别的统计方法。其基本原理是：根据两个或多个已知类别的样本观测资料，确定一个或几个线性判别函数和判别指标，然后用该判别函数依据判别指标来判定另一个个体属于哪一类。例如，在进行运动员选材时，判断是适合长跑还是短跑；在对学生进行素质分组教学时，判断一个学生素质属于"好"还是"中"或者"差"。判别分析处理的问题与样品聚类有相似之处,但它不像样品聚类那样对已有的样品分类后即完成工作,而是在根据经验、实际情况或样品聚类的结果选出各类的典型样本的基础上,建立起判别式(或称判别函数),以后得到一个样品(待判的个体),只要将有关指标的值代入判别式,就可根据一定的标准判断它属于哪类(总体),而不管该样品是否在建立判别函数的样本中。

判别分析不仅可用于连续变量资料,而且还可借助数量化理论用于定性资料。它有助于客观地确定归类标准。然而,判别分析仅可用于类别已确定的情况。当未定类别时,可先用聚类分析分出类别,然后再进行判别分析。

5. 主成分分析

主成分分析是把原来多个指标化为少数几个互不相关的综合指标的一种统计方法。例如,用 p 个指标观测样本,如何从这 p 个指标的数据出发分析样本或总体的主要性质呢? 如果 p 个指标互不相关,则可把问题化为 p 个单指标来处理。但大多时候 p 个指标之间存在着相关关系。此时可运用主成分分析来寻求这些指标的互不相关的线性函数,使原有的多个指标的变化能通过这些线性函数的变化来解释。这些线性函数被称为原有指标的主成分,或称主分量。

主成分分析有助于分辨出影响因变量的主要因素,也可应用于其他多元分析方法。例如,在分辨出主成分之后再对这些主成分进行回归分析、判别分析和典型相关分析。主成分分析还可以作为因素分析的第一步,向前推进就是因素分析。其缺点是只涉及一组变量之间的相互依赖关系。若要讨论两组变量之间的相互关系,则须运用典型相关。

6. 典型相关

典型相关是指先将较多变量转化为少数几个典型变量,再通过它们之间的典型相关系数来综合描述两组多元随机变量之间关系的统计方法。假设 x 是 p 元随机变量,y 是 q 元随机变量,那么如何描述它们之间的相关程度呢? 当然可逐一计算 x 的 p 个分量和 y 的 q 个分量之间的相关系数($p \times q$ 个),但这样既烦琐,又不能反映事物的本质。如果运用典型相关分析,其基本程序是:从两组变量各自的线性函数中各抽取一个,组成一对,它们应是相关系数达到最大值的一对,称为第 1 对典型变量;类似地,还可以求出第 2 对、第 3 对……这些成对变量之间互不相关,各对典型变量的相关系数称为典型相关系数。所得到的典型相关系数的数目不超过原两组变量中任何一组变量的数目。

典型相关分析有助于综合描述两组变量之间的典型相关关系。其应用条件是：两组变量都是连续变量，其资料都必须服从多元正态分布。

以上几种多元分析方法各有优点和局限性。每一种方法都有它特定的假设、条件和数据要求，例如正态性、线性和同方差等。因此，在应用多元分析方法时，应在研究计划阶段确定理论框架，以决定收集何种数据、怎样收集和如何分析数据资料。

二、平滑技术处理

（一）手工法

手工平滑方法是最原始的平滑方法，在原始数据出现幅度很大的异常点时，这种平滑方法比较理想、有效。

手工法的基本步骤是：① 画出原始数据的坐标图；② 徒手或用曲线板选择合适的修正值。

（二）数字滤波法

数字滤波是指用数字设备，通过一定的算法，对信号进行处理，将某个频段的信号进行滤除，得到新的信号的过程。数字滤波器可以分为两大部分，即经典滤波器和现代滤波器。

1. 经典滤波法

经典滤波法就是假定输入信号 $x(n)$ 中的有用成分和希望滤除成分分别位于不同的频带，因而通过一个线性系统就可以对噪声进行滤除。如果噪声和信号的频谱相互混叠，则经典滤波器得不到滤波的要求。通常有高通滤波器、低通滤波器、带通滤波器、带阻滤波器等经典滤波器。

2. 现代滤波法

现代滤波法是指从含有噪声的信号中估计出有用信号和噪声信号。这种方法是把信号和噪声本身都视为随机信号，利用其统计特征，如自相关函数、互相关函数、自功率谱、互功率谱等引导出信号的估计算法，然后利用数字设备实现滤波。目前主要有维纳滤波、卡尔曼滤波、自适应滤波等数字滤波器。

在人体运动动作与运动技术测量中，例如采用高速摄像机捕获运动的坐标数据，由于在确定关节点时，前后图片确定同一关节点的过程中会有一定的误差，如连续曲线上的"毛刺"（突变式的高频信号），这时通常先采用低通数字滤波器对原始数据进行平滑处理，然后再进行分析。它的原理是：有选择地抛弃或衰减某一个频率，让低频信号不衰减就通过滤波器,同时衰减高频噪声。通俗地讲,就是去掉原始数据曲线中的一些"毛刺",使数据更为光滑(图2.1)。

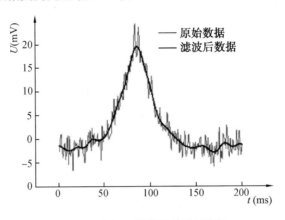

图2.1 数据平滑处理结果示意图

数字滤波法中有1个须选择的参数——截止频率(f_c)。如果截止频率选得太高,虽可减少信号的失真,却让更多的噪声通过。相反,如果选择的截止频率过低,虽然噪声明显减少,但信号会失真。所以,数字滤波中截止频率的选择是关键的一步,选择截止频率时必须兼顾这两方面的得失。对于二阶低通滤波器而言,通常选择5~10Hz的截止频率就可基本满足体育动作中人体运动测量与分析的平滑要求,具体的截止频率选择须视分析的动作而定。

第三章 人体惯性参数的测量与评价

人体惯性参数是指人体整体及环节质量、质心位置、转动惯量及转动半径等人体固有的测量参数。这些参数是人体运动动作测量与分析的重要基础，其准确程度直接影响着运动动作定量分析的结果。人体惯性参数测量与评价的目的是为运动技术运动学测量提供基础，同时人体体格、重心等参数的测量本身也是运动动作测量与分析的重要内容。

第一节 人体惯性参数测量概述

一、人体惯性参数测量基础

（一）人体环节的划分

人体环节包括头、躯干、四肢等。由于这些环节在人体运动过程中相互间位置会不断地调整和改变，这些调整和改变会直接影响环节质心和人体质心的位置，因此确定环节的划分方法就显得十分重要。

目前，划分人体环节的方法主要有两种：一种是以人体的结构功能为依据，分割环节的切面通过关节转动中心，并以关节中心间的连线作为环节的长度；另一种是以人体体表骨性标志点作为划分环节的参考标志，并以此确定环节长度。前一种划分方法与人体结构功能相适应，在运动学分析时更符合运动规律，可减少测量误差，但在人体测量时不易准确确定划分点；后一种划分方法尽管易于测量，但在模型个体化时，不如前者能更好地满足运动动作分析的基本要求，会给运动学分析结果带来误差。

在运动学分析中，需要根据受试者的性别、种族等实际情况来选择不同的人体惯性参数模型。由于不同国家研究者提供的人体惯性参数所采用的环节划分方法并不相同，因而在进行研究时了解各种参数的环节划分方法是非常必要的。德国、美国的数据基本上采用以人体结构功能为依据来划分环节的方法；日本、苏联、中国的数据基本上采用以人体体表骨性标志点为依据来划分环节的方法。表3.1是上述5个国家采用人体环节划分的对比情况。

表 3.1 5 个国家采用人体环节划分方法的对比

环节		德国	美国	日本	苏联	中国
头		—	头顶点-颅底点	头顶点-耳屏点	头顶点-颈椎点	头顶点-颈椎点
颈		—	—	耳屏点-颈窝点	—	
躯干	上躯干	肩关节点连线中点-髋关节连线中点	颅底点-会阴点	颈窝点-大转子点	颈椎点-胸骨下点	颈椎点-胸下点
	中躯干				胸骨下点-脐点	
	下躯干				脐点-髂前点	胸下点-会阴
上臂		肩关节中心点-肘关节中心点	肩关节中心点-肘关节中心点	肩峰点-肱桡点	肩峰点-肱桡点	肩峰点-桡骨点
前臂		肘关节中心点-腕关节中心点	肘关节中心点-腕关节中心点	肱桡点-桡骨茎突点	肱桡点-桡骨茎突点	桡骨点-桡骨茎突点
手		—	腕关节中心点-中指第 1 指骨突出点	桡骨茎突点-中指第 1 指骨突出点	桡骨茎突点-中指指尖点	桡骨茎突点-中指指尖点
大腿		髋关节中心点-膝关节中心点	髋关节中心点-膝关节中心点	大转子点-胫骨点	髂前点-胫骨点	髂前上棘点-胫骨点
小腿		膝关节中心点-踝关节中心点	膝关节中心点-足关节中心点	胫骨点-外踝点	胫骨上点-胫骨下点	胫骨点-内踝点
足		跟点-趾尖点	跟点-趾尖点	外踝点-足底	胫骨下点-趾尖点	内踝点-足底

注：颈椎点为第七颈椎棘突，胸下点为胸骨体下缘与正中矢状面交点。

（二）人体环节关节点的判定

1. 关节点的判定依据

运动解剖学、运动生物力学、运动技术原理、人体惯性参数模型及影像分析模型的理论知识是判断和确定人体环节关节点原则与方法的理论基础。其方法是：首先在标准的人体骨架图上标出关节转动中心的位置，并找出其与骨性标志的关系；然后在人体体表轮廓图上相应位置标出关节转动中心位置，并找出其位置与体表及骨性标志的关系；最后依据体表图谱上各关节转动中心（人体环节关节点）的标志点，确定其与周围解剖结构、形态学标志的关系，并由此归纳出人体环节关节点位置的判断与确定的原则和方法，作为运动动作测量与分析判断和确定人体环节关节点的依据（图 3.1）。

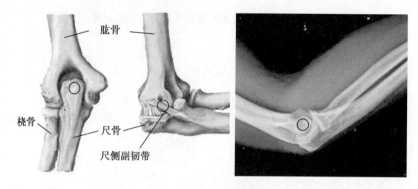

图3.1　环节关节点在骨骼及体表上的位置

在运动动作测量与分析时,判断和确定关节转动中心的基本原则及参考标志为确定环节长度提供了依据。确定关节转动中心的原则是:关节点应为关节瞬时转动中心;关节中心必须位于两环节纵轴的交点处,使得环节两端与关节纵轴接触;参照骨性体表标志;关节点的位置应与所引用的环节惯性参数测量方法相一致。

2. 人体主要关节转动中心位置的确定

手:腕关节中心至手质心的连线为手环节的纵轴。

腕关节:尺骨茎突高度水平线中点或腕横纹的中点。

肘关节:肘横纹中心(前面观),尺骨鹰嘴隆起高度中心(背面观)。

肩关节:根据组成肩关节的两个环节的特殊连接形式,在实际操作过程中可将上臂上端(包括肩峰)看成是球形几何体,肩关节转动中心位于球心(若三角肌发达,明显隆起,关节中心确定在球心;若三角肌不发达,隆起不明显,则关节中心确定在球心稍上位置)。

髋关节:髋关节的转动中心位于大转子顶的高度。侧面观位于大转子顶点,或位于棘结间线(髂前上棘至坐骨结节连线)中点附近;正面观位于腹股沟线(约相当于髂前上棘至耻骨结节的连线)中点附近。

躯干:躯干纵轴由两肩关节连线中点至两髋关节连线中点间的连线表示。

膝关节:股骨外上髁(或内上髁),或髌骨中点高度。

踝关节:腓骨外踝隆起处(外侧观),胫骨内踝下缘(内侧观)。

足纵轴:足的长度或其环节长度应为由跟结节(直立时足跟最向后突出的一点)至趾尖点的长度。

（三）人体环节质量及环节质心

1. 人体环节质量

人体各环节的质量叫作各环节的绝对质量，各环节绝对质量与人体质量之比叫作各环节相对质量。环节相对质量并不恒定，躯干的质量最易发生变化。例如，饮食、喝水可在短时间内使躯干质量发生较大的变化；而四肢质量发生变化较慢，经过长期的运动训练，不同项目的运动员之间以及运动员与普通人群之间四肢的相对质量会产生较大的差异。

2. 人体环节质心

环节质心就是环节的质量中心。人体各环节质心在各环节中几乎都有固定的位置，纵长环节的质心大致位于其纵轴上，靠近近侧端关节。人体环节质心相对位置是指该环节质心上部尺寸占本环节全长的百分比。表3.2、表3.3和表3.4的数据分别是国内外男子和女子人体环节质心的相对位置比较，以及中国成年人国家标准环节质心相对位置的数据。

中国人体环节质心相对位置与外国人差异更为明显，质心位置更能反映种族的差异。

表3.2 国内外成年男子人体环节质心相对位置比较

环节名称	哈雷斯 （1860） 1例	菲舍尔 布拉温 （1889） 3例	菲舍尔 （1906） 1例	克劳塞 （1969） 13例	松井秀治 （1958） 2例	扎齐奥尔斯基 （1978） 2例	郑秀媛 （1992） 50例青年
头	36%	—	37%	47%	—	50.02%	45.7%
上躯干						50.66%	54.3%
中躯干	50%	39%	43%	38%	52%	45.02%	43.6%
下躯干						35.41%	
大腿	43%	44%	47%	37%	42%	45.49%	47.9%
小腿	44%	42%	36%	37%	41%	40.49%	41.0%
足	44%	43%	46%	45%	50%	44.15%	54.3%
上臂	43%	47%	49%	51%	46%	44.98%	48.6%
前臂	42%	42%	44%	39%	41%	42.74%	41.9%
手	36%	—	47%	48%	50%	36.91%	37.0%

（据郑秀媛等.现代运动生物力学[M].2版.北京：国防工业出版社，2007.）

表3.3　国内外成年女子人体环节质心相对位置比较

环节名称	松井秀治（1958）1例	基德森（1972）76例	扎齐奥尔斯基(1978) 游泳运动员9例	扎齐奥尔斯基(1978) 击剑运动员6例	郑秀媛等（1992）50例青年
头	45%	50%	51.6%	55.6%	45.7%
上躯干	52%	57%	45.0%	45.4%	54.3%
下躯干					43.6%
大腿	42%	43%	46.1%	47.4%	46.1%
小腿	42%	42%	40.3%	39.0%	40.8%
足	50%	50%	40.1%	44.6%	54.3%
上臂	46%	46%	44.0%	45.0%	46.9%
前臂	42%	43%	42.6%	43.0%	42.3%
手	50%	46%	35.0%	37.9%	32.2%

（据郑秀媛等.现代运动生物力学[M].2版.北京:国防工业出版社,2007.）

表3.4　中国成年人国家标准环节质心相对位置

环节名称	Lcs 男	Lcs 女	Lcx 男	Lcx 女
头颈	46.9%	47.3%	53.1%	52.7%
上躯干	53.6%	49.3%	46.4%	50.7%
下躯干	40.3%	44.6%	59.7%	55.4%
大腿	45.3%	44.2%	54.7%	55.8%
小腿	39.3%	42.5%	60.7%	57.5%
上臂	47.8%	46.7%	52.2%	53.3%
前臂	42.4%	45.5%	57.6%	54.5%
手	36.6%	34.9%	63.4%	65.1%
足	48.6%	45.1%	51.4%	54.9%

注：Lcs指各环节质心上部尺寸占本环节全长百分比；Lcx指各环节质心下部尺寸占本环节全长百分比。示例：头的质心相对位置＝（头质心至头顶距离/头长）×100%；大腿的质心相对位置＝（大腿质心至胫骨点距离/大腿长）×100%。

（四）人体质心位置与重心

1. 人体总质心位置

保持基本立姿(解剖姿势)的人体,其质心位置大约位于第二骶椎所在的水平面上。卧姿人体质心向头部移动约1%。人体直立姿势和卧姿质心的差异是由于内脏器官及肌肉质量位移、血液重新分配等因素造成的。女子质心的相对高度比男子低0.5%~2%;婴儿早年质心的相对高度比成年人高10%~15%,到5岁时与成年人相等,随后直到老年质心位置几乎不变,仅当衰老时质心高度才略有变化。体型及运动专项对人体质心的高度有一定的影响。人体姿势改变时,身体总质心位置随之改变,在某些情况下,特别是当前倾或后仰时,总质心可能移到体外。

2. 人体重心

人体重心并不特指身体上某一个固定点,它的位置是一个随机变量,随着呼吸、消化、血液循环等生理过程的进行在一定范围内移动。在相对静止的状态下,其变化范围一般在1.5~2cm。据测定,站立时,人体重心一般在身体正中面上第三骶椎上缘前方7cm处。由于性别、年龄、体型不同,人体重心位置略有不同。一般男子重心位置的相对高度比女子高,自然站立时,男子重心高度大约是身高的56%,女子大约是身高的55%,这是由于女子的骨盆带较大以及肩带发育弱于男性的缘故。儿童的头和躯干的质量相对大一些,则身体重心相对高度比成年人高些。在体育运动中,由于身体姿势的变化,重心位置也随之变化,这种变化对运动技术动作的影响较大。例如,手臂上举时人体重心升高,下蹲时则重心下降,向左体侧屈时重心左移。做大幅度的体前屈动作或体操"桥"动作时,人体重心可以移出体外。重心移动的方向总是与环节移动的方向一致,并且重心移动的幅度取决于环节移动的幅度。环节移动的幅度大,重心移动的幅度也大;移动环节的质量愈大,则重心移动幅度愈大。

二、人体转动惯量

（一）质量与转动惯量

平动的物体具有惯性,用物体的质量来量度;转动物体同样也具有惯性,用转动惯量来量度。

1. 质量

质量(m)是指物体含有物质的多少。它是物体的固有属性,是只有大小没有方向的标量,是量度平动物体惯性大小的物理量,用以描述物体保持原有平动状态的能力。物体质量越大,保持原有平动状态的能力也越大;反之,物体质量越小,保持原有运动状态的能力也越小。

2. 转动惯量

转动惯量(I)是量度转动物体惯性大小的物理量,用以描述物体保持原有转动状态的能力。转动惯量越大,转动状态越不容易改变。例如不同的刚体,要得到同样的角加速度,转动惯量愈大的刚体所需的外力矩愈大。因此,在这种意义上,它类似于牛顿第二定律($F = ma$)中的质量 m。例如,直体后空翻比团身后空翻难度大,其原因就是:直体时,身体质量分布离转轴较远,转动惯量较大;团身时,身体质量分布较集中,离转轴较近,转动惯量较小。单杠大回环的难度较腹回环大,则是由于二者的转动轴位置不同。单杠大回环时,人体的转轴在身体的一端,身体质量分布离转轴较远,转动惯量较大;腹回环时,转轴在身体中间,身体质量分布离转轴较近,转动惯量较小。

(1)回转半径。由于实际应用过程中,很难了解物体中每一质点的质量及其到转动轴的距离,通常都是用人体或物体的整体质量。假设绕某转动轴转动的物体全部集中在离轴某一距离的一点上,即用这一点来代表整个物体的质量,这时它的转动惯量如果恰好与原物体相对此轴的转动惯量相等,则称这个距离为回转半径(R),也叫转动半径,用公式表示为:

$$I = \sum_{i=1}^{n} m_i r_i^2 = mR^2$$

由上式得

$$R = \sqrt{\frac{I}{m}}$$

如果知道了转动物体的转动惯量和质量,可用上式求得回转半径。也可通过求摆的周期 T(完成一次全摆动所用的时间),根据下式求回转半径:

$$R = \frac{T}{2\pi} \cdot \sqrt{gr}$$

(2)计算转动惯量的定理有平行轴定理、垂直轴定理和合成体定理(参考运动生物力学相关教材)。

(二)人体转动惯量的特点

人体转动惯量的定义和公式可以引用刚体转动惯量,但要考虑其可变性。虽然组成人体或环节的质量不会改变,但由于人体的质量分布因呼吸、血液循环等因素影响随时都在变化,尤其是人体在运动过程中,受中枢神经的控制,经常需要根据体育动作的目的性而改变身体姿势,造成人体或环节的质量对转动轴分布状态的改变,即远离或向转动轴集中。因此,对人体某一姿势转动惯量的计算或测量,只能说明某一瞬间的情况。正因为人体转动惯量具有这种可变性,人体才可以根据不同的动作目的调节身体姿势,改变转动惯量,达到自我控制动作的目的。

(三) 人体转动惯量测量原理与方法

人体密度分布不均匀,呼吸、血液循环及体液的变化,特别是复杂、不规则的人体外形,使得人体转动惯量难以用简单的公式进行计算。一般人体的转动惯量采用物理摆法、双悬点扭摆法、三悬点扭摆法、四悬点扭摆法、旋转法、振动法、图片计算法、数学模型法等方法进行测量。

扭摆法测量人体转动惯量的原理与方法是:先测出测量板的扭摆周期,推算出测量板转动惯量,然后受试者乘于板上呈所测量的姿势,使受试者和测量板扭摆,测出其扭摆周期。依受试者体重、测量板重量、测量板扭摆周期、受试者和测量板扭摆周期、测量板转动惯量等指标,运用相应公式确定人体转动惯量。

由于人体的个体差异及体育运动动作的多样性,在实际操作过程中,很难对每个人、每一种姿势的转动惯量一一进行实测。图片计算法的具体方法是:依据运动生物力学分析拍摄的图片,将人体抽象成由若干规则形态的刚体环节组成的理想模型,运用有规则形态刚体转动惯量公式及相关人体惯性参数,对图片上人体整体或环节的转动惯量进行计算。

运用图片计算法测算人体整体或环节转动惯量时,首先在图片上确定相应关节中心点,测量环节长度,确定环节质心位置,然后将环节抽象成相应的理想模型,运用理想模型转动惯量计算公式,求出环节相对某一转动轴的转动惯量,最后合成环节转动惯量,求环节(肢体)或整体绕该轴的转动惯量。在运动生物力学影像分析中,这种方法的大量烦琐计算均由影片解析仪进行,这样提高了信息反馈的速度和精度。

中国人体环节质量分布与外国人存在明显差别。中国男性的特点是,头颈环节的相对质量较大,而躯干、上肢及小腿的相对质量偏低;中国女性与欧美人相比,除大腿外,其他肢体的相对质量均小,而与苏联人相比,则头颈和躯干的相对质量偏大,四肢的相对质量偏小。

第二节 人体惯性参数的测量方法

一、尸体解剖法

1860年,德国的哈雷斯解剖了一具成年男性尸体,测量了人体各环节的质量、长度和环节质心相对位置,这是最早做出关于人体惯性参数研究的详细报告。1889年,同样是德国的学者布拉温和菲舍尔,解剖了三具成年尸体,其获得的结果至今仍作为人体动作有关分析的基础。此后,美国的邓普斯特、克劳塞和日本的茂理、藤川、松井秀治等均先后采用了尸体解剖法测量人体惯性参数。

尸体解剖法的测量方法是:将尸体用干冰冻结后,按关节的转动轴剖切,称出各环节质量,推算各环节相对质量(环节质量/整体质量),然后用物理摆法测定环节质心位置和转动惯量,测定各环节的体积和组织的平均密度。

虽然通过尸体解剖法获得的人体惯性参数较为准确,但由于获得具有代表性的新鲜尸体难度大,不易进行大样本测量,目前的结果中缺少青年人和女性样本,因而缺乏一定的代表性。

二、活体测量法

(一) 重心板法

重心板法可用于测量人体一维或二维质心(重心)位置,对人体三维空间的质心(重心)位置尚无法测量。具体方法主要有两支点磅秤显示一维质心(重心)测量法(图3.2)、三支点磅秤显示二维质心(重心)测量法(三角板法)、三支点电子秤显示二维质心(重心)测量法、四支点电子秤显示一维或二维质心(重心)测量法。主要依据为合力矩原理,即一个系统各部分重力矩之和等于系统重力合力的力矩。现在磅秤可以用压力

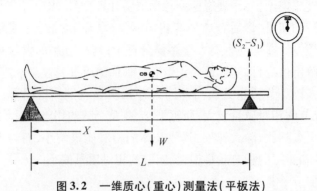

图 3.2 一维质心(重心)测量法(平板法)

传感器和数字显示设备替代。

（二）水浸法

该法可用于测量环节的体积,并通过已知的平均密度推算出环节的质量(环节质量 = 平均密度 × 环节体积)。

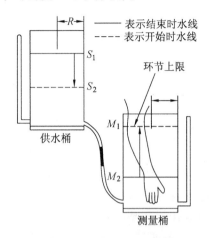

图 3.3 水浸法测前臂的体积

水浸法要求的设备简单,费用低廉,但只能测量部分环节的质量,无法提供质心和转动惯量,且精度相对较低。

（三）人体测量法

该法可用于测量人体各环节的质量和质心位置。具体方法是：将人体划分为一定数量的环节,根据人体环节的外形尺寸将各环节简化成各种几何形体,然后通过 X 射线摄影确定各环节的肌肉体积和骨骼密度,确定模型中各环节的质量和质心位置。应用这种方法时,由于简化模型与人体环节的实际形状差异较大,因而测得结果的误差较大。

（四）γ射线扫描法(放射性同位素测定法)

该法可用于测量人体各环节质量、质心位置、转动惯量等参数。具体方法是：受试者躺在测试床上,通过床上方的可移动辐射源(钴-60)及床下对准辐射源的检测器对受试者进行 γ 射线束全身扫描,测出某一特定部位对射线束的透过强度。根据 γ 射线数量密度计算出该部位的表面密度,由此推测人体各环节质量、质心位置、转动惯量等参数。γ 射线扫描法检测设备先进,材料适应性强,精度高。

（五）CT 法(X 射线断层扫描法)

该法可用于测量人体各环节质量、质心位置、转动惯量等参数。具体方法是：用CT机对人体从头到脚每间隔2~3cm做厚度为1cm的断层扫描。根据CT机上人体环节横截面的图像，拍出正胶片。由于各种组织与器官密度不同，吸收的射线量也不同，进而引起胶片上的灰度也不尽相同（组织与器官吸收的射线量越多，其灰度越小；反之则越大），从而能在胶片上识别各种组织与器官。然后依据相关原理和图像识别处理技术测算出各种组织的面积。再根据断层的厚度计算其体积，将体积乘以该组织、器官的比重，得出在此断层的质量、质心位置和三维转动惯量。最后根据各断层的数据合成出各环节和人体整体的惯性参数。

三、数学模型法

数学模型法是指利用几何图形模拟人体环节，通过回归方程求得环节参数的方法。1958年，日本的松井秀治将人体分成15个环节，并将其简化成各种几何图形，用X射线摄影确定各环节的肌肉和骨骼的体积，然后根据已知的肌肉和骨骼密度，确定模型中各环节的质量和质心位置。数学模型法一般要建立在尸体和活体检测方法的基础上，即通过尸体或活体方法获得相关参数，再通过建立数学模型的方法建立回归方程，求解相应的惯性参数。

第三节 图片测量人体二维重心

一、测量原理

在图片上测量人体二维重心是以合力矩原理为依据，即把人体按照选定的人体模型看成是由多环节组成的刚体系统。依据确定模型提供的惯性参数，分别测量出各环节重心，然后相对所确定的直角坐标系的坐标轴进行力矩合成，再根据下列公式求出人体总重心的坐标：

$$X_c = \frac{\sum_{i=1}^{n} W_i X_{ic}}{W}, \quad Y_c = \frac{\sum_{i=1}^{n} W_i Y_{ic}}{W}$$

上式中，X_c、Y_c是人体重心在坐标系OXY中相应的坐标值；X_{ic}、Y_{ic}分别为人体各环节重心在同一参考坐标系中相应的坐标值；W_i是人体第i个环节的绝对重量（重力）；n是计算人体重心坐标时所取的环节总数（根据所采用的人体模型不同而定）；W是人体的总重量。

若以P_i代表第i个环节的相对重量，则环节绝对重量与体重的比值为：

$$P_i = \frac{W_i}{W}$$

那么,计算人体重心的公式简化为:

$$X_c = \sum_{i=1}^{n} P_i X_{ic}, \quad Y_c = \sum_{i=1}^{n} P_i Y_{ic}$$

环节的相对重量与环节重心的半径系数可根据不同人体模型提供的环节参数获得。布拉温-菲舍尔人体模型的参数见表3.5。

表3.5 布拉温-菲舍尔人体模型环节参数

环节名称	环节相对重量	环节重心半径系数
头	0.0076	—
躯干	0.4270	0.44
上臂	0.0336	0.47
前臂	0.0228	0.42
手	0.0084	—
大腿	0.1158	0.44
小腿	0.0527	0.42
足	0.0179	0.44

注:头的重心位置位于蝶骨鞍背后面7mm处,相当于两耳郭上缘连线的中央,正面在眉心中央位置;手的重心位于中指的掌骨小头处。

人体各环节重心在各环节中几乎都有一个固定的位置。纵长环节的重心大致位于纵轴上,靠近近端关节。表3.5中的环节重心半径系数即为近端关节中心至环节重心的距离与环节长度的比值。在画出的人体运动简图上,可根据各环节的长度与环节重心半径系数的乘积以及近侧端关节中心点来确定环节重心在人体运动简图上的位置,然后在坐标纸上读出各环节重心点的二维坐标(X_{ic}, Y_{ic})。

二、测量方法

(一)测量材料

选定或拍摄一张运动技术图片,直尺、铅笔等。

(二)测量步骤

(1)将图片打印在A4纸上,在图片的左下角选定一个原点,建立平面直角坐标系 OXY(图3.4)。

(2)确定各环节重心点和头及手的重心位置(图3.4中的白色

圆点）。

（3）连接相邻关节点，构成人体单线图。

（4）测量各环节的长度，并利用选用的人体模型所提供的环节重心半径系数，测定各环节的重心位置和二维坐标(X_{ic}, Y_{ic})，填入预制表格环节重心坐标一栏内（表3.6）。

（5）将选用的人体模型的环节相对重量P_i填于表3.6中（一般采用布拉温-菲舍尔模型的数据，见表3.5）。

（6）将选用人体模型提供的各环节相对重量P_i与相应环节重心的坐标(X_{ic}, Y_{ic})相乘所获得的$P_i X_{ic}$，$P_i Y_{ic}$填于表3.6中。

（7）依据下列公式计算出人体重心坐标(X_c, Y_c)：

$$X_c = \sum_{i=1}^{n} P_i X_{ic}, \quad Y_c = \sum_{i=1}^{n} P_i Y_{ic}$$

（8）将人体重心点在人体运动技术图上标出。

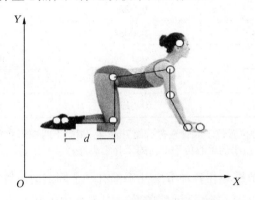

图3.4　图片上测量人体重心示意图

表3.6　图片上测定人体二维重心的计算表

环节名称		环节重心坐标		环节相对重量	$P_i X_{ic}$	$P_i Y_{ic}$
		X_{ic}	Y_{ic}	P_i		
头				0.0076		
躯干				0.4270		
上臂	左			0.0336		
	右			0.0336		
前臂	左			0.0228		
	右			0.0228		

续表

环节名称		环节重心坐标		环节相对重量	$P_i X_{ic}$	$P_i Y_{ic}$
		X_{ic}	Y_{ic}	P_i		
手	左			0.0084		
	右			0.0084		
大腿	左			0.1158		
	右			0.1158		
小腿	左			0.0527		
	右			0.0527		
足	左			0.0179		
	右			0.0179		
合计						

第四章 人体运动的运动学参数测量与分析

人体运动的运动学描述的是人体或器械在一定时间内的空间位置变化情况。运动学参数是指人体或器械在运动过程中所表现的时间、空间和时空数据。运动学参数反映了动作的外貌特征,是体育教师和教练员定性判定学生或运动员完成动作正确与错误的重要依据,也是科研人员进行运动动作与运动技术分析的最主要内容。

第一节 人体运动的运动学参数

一、时间参数

（一）时刻

时刻是人体位置的时间量度,是时间轴上的一个点。它用于运动的开始、结束和运动过程中某一特征画面的瞬时。在运动实践中,对运动状态显著变化的时刻的把握非常重要。运动过程中一个运动动作时相的结束时刻往往就是下一个动作时相的开始时刻。例如,跑步中支撑腿足蹬离支撑点的时刻便是蹬地动作时相的结束时刻,同时也是进入腾空动作时相的开始时刻。在人体运动分析中,时刻都是根据运动本身的规律,人为地加以确定的。只有确定了运动过程中的开始时刻和结束时刻,才能测量与分析运动学的其他参数。例如,只有确定了推铅球的出手时刻,才能测量和分析推铅球出手的速度、角度、高度等参数。

（二）时间

运动时间是指运动结束时刻与运动开始时刻之差值,是时间轴上的一段。运动持续时间是运动始末两个时刻之间的间隔。在体育运动中,人们把时间作为一个过程量,说明某些比赛、某些动作的过程长短。例如100m起跑,秒表从0开始,时刻为t_0；跑至终点,秒表显示12s,时刻为t_1,则此人运动持续时间为$\Delta t = t_1 - t_0 = 12s - 0 = 12s$。运动持续时间对于评价运动成绩和动作技术的优劣是一个重要的运动学参数。在运动测量与分析中,时间的单位一般为秒(s),通常使用的其他单位还有毫秒(ms,

1ms = 1/1000s)、分钟(min,1min = 60s)和小时(h,1h = 60min)。

(三) 频率

频率是动作重复性的度量单位,就是单位时间内重复进行的动作次数。频率跟动作持续时间成反比,每个动作的持续时间越长,则频率越低;反之则越高。在周期性动作中,频率是衡量动作技术的一项指标。例如,在跑步(步频)、游泳(手划水或脚打水频率)、划船(桨频)、自行车(蹬踏频率)等运动项目中,技术水平高的运动员的动作频率要高于技术水平低的运动员。

二、空间参数

人体或物体在空间的运动可以分为平动与转动。平动的空间参数表现为位置变化,而转动的空间参数表现为角度变化。

(一) 运动轨迹

无论是质点的运动,还是刚体(可以看作有无数质点构成)的平动与转动,运动中质点均有其运动路径,称为运动轨迹。运动轨迹的绘制是质点随时间变化的空间位置改变形成的一条线。如果运动轨迹是直线,即为直线运动;如果运动轨迹是曲线,则为曲线运动。曲线运动中比较特殊的是抛体运动、圆周运动。在运动动作的测量与分析中,人体或物体的重心运动轨迹是定性分析的主要内容。例如,在跑步运动中,教师或教练员可以依据假想的重心点在跑动过程中上下、左右的变化情况来判定学生或运动员跑步技术的合理性。

(二) 路程

路程是指人体或物体从一个位置移到另一个位置时,质点运动轨迹的长度。例如,运动员从 100m 起点到 100m 终点,所经过的路程即为 100m;如果运动员从起点绕 400m 田径场内道跑两圈,他所经过的路程即为 800m。因此路程是标量,它只表明大小而不表明运动方向的量值。

(三) 位移

位移是指人体在整个运动过程中位置总的变化,既有大小又有方向,是对运动轨迹的直线量度。也可以说,它是人体初始位至终止位的直线距离,并不是物体所经过的路程。位移是矢量,其运算遵循平行四边形法则。只有在直线运动中位移才与运动轨迹(路程)重合;在曲线运动中,位移与路程不重合。除了直线运动外,其他运动位移的大小不等于路程,一般小于路程。在田径比赛中,田赛项目的成绩是以位移的大小来计算的,如投掷的远度、跳远成绩等;而径赛运动的长度是按照路程来度量的。

例如,100m 跑从起点线跑到终点线,这时人体位移等于路程,都是 100m;而在 400m 田径场内道跑 800m 时,路程是 800m,位移则等于零。

路程与位移的单位一般为米(m),常用的其他单位还有毫米(mm,1mm = 1/1000m)、厘米(cm,1cm = 1/100m)、千米(公里,km,1km = 1000m)。

（四）角位移

角位移是指人体整体或环节绕某轴转动时转过的角度。人体或器械的运动只有简化为刚体运动时,才有角位移。当人体的转动在一平面内进行时,通常规定逆时针转动的角位移为正值,顺时针转动的为负值。角位移可用角度、弧度、周等作为测量的单位。但是在计算中,角位移的单位以弧度(rad)表示,当转动所经过的弧长等于转动半径时,这时的角位移就是 1rad。因半径为 r 的圆周的周长为 $2\pi r$,所以一周(360°)相对应的弧度就是 $2\pi r/r = 2\pi \text{rad}$。其他最常用的单位是度(°,1°≈1/57.3rad)。

人体或物体在转动运动中,角位移相同,但其中的每个质点移动的路程并不相同。远离转动轴的质点移动的路程长,越靠近转轴的质点,移动的路程越短,转轴上质点的移动路程为零。

三、时空参数

（一）速度

速度是指人体所经过的位移与通过这段位移所用时间之比。它是描述人体运动快慢和方向的物理量,用 v 表示。在大多数体育运动项目中,速度占有非常重要的地位,有些项目以比赛速度为特征,如各种径赛项目以及游泳、赛艇、皮划艇、自行车、赛马等项目都是比速度;很多对抗性项目,如各种球类比赛、击剑武术等要求移动速度快、击出球的速度快,这样才能使自己占据主动,打败对手。速度是矢量,有大小和方向。

1. 瞬时速度

瞬时速度是指人体在某一时刻或通过运动轨迹某一点时的速度。瞬时速度等于当时间趋于无限小时平均速度的极限值。时间趋于零是指时间分段减小到最小极限 Δt。Δt 越短,描述人体运动越精确,越接近真实。但 Δt 不可能等于零,因为没有时间间隔也就没有位移,就谈不上人体运动快慢。如果令时间段 Δt 趋于零,人体运动快慢就只有微小的改变,所以可以确切地说,是用平均速度的极限值来表征人体或物体的运动快慢。瞬时速度计算公式为:

$$v = \lim_{\Delta t \to 0} \frac{\Delta r}{\Delta t}$$

瞬时速度是通过某一位置时的速度,比这个位置稍前或稍后一点都不一定以这个速度运动,只有通过这个位置时刻才是此速度。在体育运动中,瞬时速度是不可缺少的概念,必须予以重视,因为只有了解瞬时速度才可以知道动作的临界状态特征。例如,跳远中助跑踏跳时刻的速度、跳高起跳时刻的速度、推铅球出手时刻的速度都是瞬时速度,这些瞬时速度的大小和方向决定了运动成绩的差异。

2. 平均速度

平均速度是指人体在某一段时间间隔内通过的位移与此时间间隔之比。在直线运动中,人体的位移与通过这段位移所需时间之比,称为人体在这段时间内(或这段位移)的平均速度。因此,平均速度总是指某段时间内的平均速度,离开了时间间隔或位移长短来谈平均速度是没有意义的。例如,某运动员100m跑的成绩为12s,则他在100m跑的平均速度$v=100m/12s≈8.3m/s$,这反映了该运动员在100m全程中总的快慢,但并不意味着100m中起跑、疾跑直到最后冲刺,速度都是8.3m/s。人体在100m跑的直线运动中,实际上人体重心位置也有起伏。平均速度不仅表明人体运动的快慢,而且还表明移动的指向。平均速度只能概括地、粗糙地描述人体运动,要精确地了解人体在某一时刻或某一位置的运动情况,还是需要运用瞬时速度的概念来描述。

(二) 速率

速率是指人体运动所经过的路程与通过这段路程所用的时间之比。它是描述人体运动快慢程度的物理量,只有大小,不表明方向。瞬时速率简称速率,速度的大小也称速率。例如,100m跑比赛中的平均速率、瞬时速率,赛跑中的摆臂速率,跳远助跑的速率,以及器械的出手速率等。

(三) 角速度

角速度是指人体在单位时间内转过的角度,用 ω 表示。角速度用以表示物体转动的快慢与转向。其单位为 rad/s。人体局部环节的运动都是绕关节轴的转动。单位时间内关节角度的变化量即角速度,它能表征环节转动的时空特征。

(四) 加速度

加速度是指单位时间内人体速度的变化量。它是描述人体运动速度变化快慢的物理量,用 a 表示。加速度存在于体育运动所有项目中。任何动作都是从静止开始的,由于有正加速度,速度逐渐增大,达到一定值后出现负加速度,最后动作或比赛结束,恢复到静止状态。在训练、比赛中合理运用正负加速度对运动员创造优异成绩非常重要。因此,从比赛实践出发,要在训练中运用各种手段来提高运动员快速调整和改变加速度的能力。

1. 瞬时加速度

瞬时加速度是指人体运动在某一时刻或某一位置的加速度。当 Δt 趋于零时的极限值,人体的平均加速度即为瞬时加速度。其计算公式为:

$$a = \lim_{\Delta t \to 0} \frac{\Delta v}{\Delta t}$$

瞬时加速度是速度对于时间的一阶导数,即位移对于时间的二阶导数。一般所说的加速度都是瞬时加速度。

2. 平均加速度

平均加速度是指某一时间间隔内速度的变化率。在直线运动中,平均加速度等于人体运动的末速度 v_t 与初速度 v_0 的差值和时间 Δt 的比值。其计算公式为:

$$\bar{a} = \frac{v_t - v_0}{\Delta t}$$

在运动技术测量与分析中,用瞬时速度或瞬时加速度来描述运动特征尤显重要。人体运动技术分析的关键是瞬时特征,而不是平均值。但在长距离项目中,制定比赛策略、进行战术安排时,常常取一段距离的平均速度或平均加速度作为指标。速度、加速度是矢量,在直线运动中由于运动方向固定,往往会运用平均速度、平均加速度指标;但在曲线运动中,由于运动方向不断变化,平均值指标显示的物理意义不够明确,一般不采用。

在曲线运动中,由于速度大小和方向均会发生改变,加速度的确定也会变得困难。通常将曲线运动中的加速度 a 分解为两个分量:一个沿法线方向,称为法向加速度(a_N);另一个沿切线方向,称为切向加速度(a_T)。在圆周运动中,常常把法向加速度(a_N)称作向心加速度,向心加速度的大小等于该时刻的速度平方除以圆半径($a_N = v^2/r$)。

(五)角加速度

在圆周运动中,由于转轴和曲率半径固定,常常用角加速度表示人体转动时角速度变化的快慢,用 β 表示。它是转动中角速度的时间变化率。

例如,转动的人体在某一时刻(t_1)的角速度为ω_1,在另一时刻(t_2)的角速度为ω_2,则$\beta = \Delta\omega/\Delta t = (\omega_2 - \omega_1)/(t_2 - t_1)$。人体所有环节的运动都是绕关节轴的转动,因此经常采用角加速度来表征环节运动状态的变化情况。

第二节 人体运动的运动学参数测量方法

一、基本测量工具与测量方法

运动学参数的测量在运动动作的测量与分析中占主导地位,在目前开发的测量手段中运动学参数测量最多。但一些基本的测量工具仍然是体育教师和教练员最为常用的手段。

（一）时间参数的测量

时间测量的最基本手段是秒表。秒表分机械秒表与电子秒表(图4.1)。利用秒表的计时功能可实现对运动动作和运动技术的时间测量。

图4.1　秒表计时器

秒表均具备开表(start)、停表(stop)和回表(reset)三个基本功能键。电子秒表还具有记录多个时间数据的功能,即实现分段计时和多个时间同时记录的功能。现在体育教师和教练员都采用电子秒表,其功能越来越丰富与完善。

用秒表记录的时间既是运动动作的时间数据,也是计算时空参数的基础。因此,在运动动作的时间测量上应明确开始时刻和终末时刻,并力求准确。为了实现准确测量,可以采用多人同时测量后计算平均数的方法来尽量消除误差。

(二) 空间参数的测量

空间参数测量的基本手段是皮尺、钢尺和量角器(图4.2)。

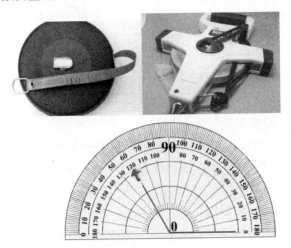

图4.2 皮尺、钢尺和量角器

用皮尺或钢尺可以测量人体或物体的位移、路程,用量角器可以测量人体或物体的角位移。

测量位移和路程时,需要明确起始位置与终末位置。例如,测量人体行走单步的步长时,需要明确测量的起始位置为左脚跟着地点,终末位置为右脚跟着地点;同样,测量角位移时也需要明确起始位置和终末位置。

(三) 速度和瞬时速度的测量

1. 速度的测量

可依据时间参数和空间参数的测量值,通过简单的数学计算获得速度值。例如,用皮尺在跑道或平地上确定30 m的距离,分别在起始位置和终末位置画一条直线(图4.3),让学生站在起点,听到"跑"指令后开始

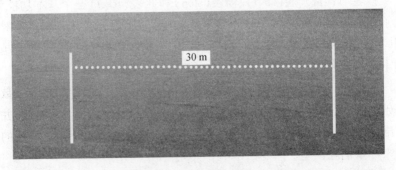

图4.3 用秒表和皮尺测量30m跑的平均速度

跑步,教师则同时开始计时,学生到终点时停表。如果记录到的时间为 6s,则可根据 30m 的位移和 6s 的时间,推算该学生跑 30m 的平均速度为 5m/s。

2. 瞬时速度的测量

在运动中,瞬时速度的测量具有十分重要的意义。瞬时速度值也可依据时间参数和空间参数的测量值通过数学计算获得。例如,用皮尺在跑道确定 30m 的线,在 30m 线的两侧 0.5m 的位置上(即 29.5m 和 30.5m)画两条直线(图 4.4 中的黑线)。A、B 两名计时员分别站在两条直线的延长线上,跑步者听到"跑"指令后开始跑步,计时员同时开始计时,当跑步者跑到计时员面前直线时,各自停表(须统一判别标准),得到时间 t_A 和 t_B。用 1m 除以 t_B 和 t_A 的差值,可近似得到 30m 处的瞬时速度。例如,计时员 A 记录到的时间是 5.92s,计时员 B 记录到的时间为 6.02s,则跑步者通过 30m 处的瞬时速度为 1m/(6.02 − 5.92)s = 10m/s。采用同样的方法可以记录 10m、20m 等处的瞬时速度,并可粗略地绘制出该跑步者跑步的速度变化规律。

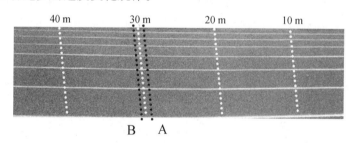

图 4.4　用秒表和皮尺测量短跑 30m 处的瞬时速度

二、专门测量工具与测量方法

随着传感器技术的快速发展,目前有多种多样的测量人体运动动作运动学参数的专门测量仪器。

（一）测角仪

测角仪是用于测量关节角度的电位计(图 4.5)。无线电子测角仪主要利用应变规技术对在不同平面上的关节做精确的角度测量。具体测量方法是：将测角仪的一个臂绑在一个肢体环节上,另一个臂绑在相邻的肢体环节上,测角仪的轴和关节轴成一条直线。这样电子测角仪就可记录到关节角度随时间的变化情况。

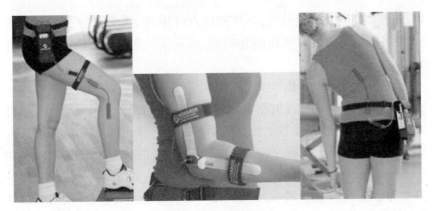

图4.5 电子测角仪

（二）速度测试仪

速度测试仪可用于直接测量人体运动的速度。比利时 TimeTronics 公司 FAST 速度测试系统可测量 200m 范围内的物体直线运动的速度，频率达到 300Hz，速度上的精度是 0.1m/s，距离上的精度是 1cm。在物体运动期间，它可以提供数据和图像，如速度-时间、速度-距离和距离-时间关系，还有每一分段的时间间隔、步长、步频、30m 处的速度、最大速度和终点速度等（图4.6）。

图4.6 TimeTronics 公司 FAST 速度测试系统

（三）加速度测试仪

加速度测试仪可用于测量人体或器械运动的加速度。加速度仪根据测量的加速度维度可以分为一维加速度仪、二维加速度仪和三维加速度仪。目前的电子加速度仪多为无线,体积越来越小,均能实现三维加速度的测量,且可自动识别步态的相位(脚跟着地、脚趾触地)或测量身体振动的振幅和频率(图4.7)。

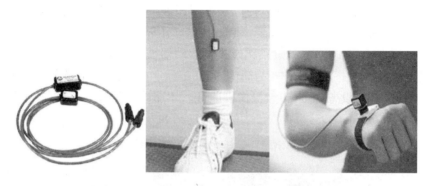

图4.7　电子加速度仪

三、摄像方法

随着数字成像技术的不断发展,利用摄像技术进行运动学参数的测量变得越来越容易,再配置专用的软件,能对包括位移、角位移、速度、角速度、加速度、角加速度等参数进行测量与分析。用于运动学参数测量与分析的摄像机要求在摄像时确定参照系和坐标系、固定摄像机的焦距等,因而需要按照相关的测量要求进行摄像,才能保证后期数据处理与分析的准确性。在运动实践中,主要测量方法有平面定点定机摄像法、平面定点跟踪摄像法、平面定轨跟踪摄像法、立体定点定机摄像法、立体定点跟踪摄像法等。

（一）摄像机的选择

摄像机一般可分为常速摄像机和高速摄像机。常速摄像机是指拍摄的录像信号和通常电视信号的频率一样,即25帧/秒。一般的家用数码摄像机都是常速摄像机,如目前常用的有SONY、JVC、Panasonic等品牌的数码摄像机。但选用时要尽量考虑像素较高的摄像机,以提高后期录像解析时的精度。凡拍摄速度高于常速的都称为高速摄像机。由于高速摄像机的价格一般较高,常速摄像机具有较合理的性能价格比,被国内较多的学校和科研单位选用。常速数码摄像机采取拆分像素和减少图像解像力的方法,可将常速下拍摄的25帧/秒的采样频率提高到50帧/秒或100帧/秒。

（二）平面定点定机摄像法

平面定点定机摄像测量方法是指按规定选用合适并固定不变的条件下拍摄人体和物体的平面运动的测量方法。该方法一般适用于动作（或运动周期）活动范围在6m以内以及比赛和训练现场周围有较大的空闲场地（20～40m）的情况。需要诊断的技术动作以平面运动为主，如竞走、跑等的一个单步运动，跳远踏跳及投掷运动器械出手前后等。这种采集方法的优点是：现场操作较为简单，尤其是标定最为方便，后续的解析工作量小，所需设备不多（一台摄像机即可），不影响人体运动，可以在正式比赛中应用（图4.8）。

图4.8　平面定点定机摄像的拍摄

1. 拍摄方法

（1）根据项目特征和技术分析要求确定拍摄范围。

（2）把摄像机固定在三脚架上，对摄影机的摄距（拍摄距离）、机高、取景范围、焦距等按要求选用合适并固定。

（3）拍摄比例尺。比例尺一般用膨胀系数小的木材制成，其长度误差率应小于1%，通常用1m长、5～10cm宽的白色比例尺，其两端线外漆成黑色。将比例尺置于运动平面上进行拍摄。比例尺通常可选择水平或垂直放置，并使之处于拍摄面取景范围的中分线上。

（4）拍摄所选定的运动动作，并做好记录。

2. 平面拍摄注意事项

（1）摄像机主光轴应与运动平面垂直，对准拍摄区域的中心；摄像机的机高一般应与取景高度的中点等高;在拍摄人体整体运动技术时,机高大体上与人体髋关节等高即可。另外,在场地条件允许的情况下,应将摄像机安放在人体主要运动环节一侧。

(2) 摄像机应尽可能远离运动平面,通常拍摄距离为拍摄范围的5~6倍。

(3) 背景颜色应与人体颜色有较大的反差,这样得到的图像较清晰。

(4) 正确确定拍摄速度。

(5) 正式拍摄前,须确定拍摄比例尺。在拍摄过程中,如果摄像机的拍摄参数发生变化,例如移动机位进行下一定点的拍摄,则必须重新选定拍摄比例尺。

(6) 拍摄时要做好备忘记录,如运动员参数、成绩、比例尺长度、拍摄距离、机高等。

3. 图像解析与数据处理

对运动员的动作技术进行拍摄完成后,将得到的影像资料进行数字化处理,获取原始的运动学数据,这就是图像解析。图像解析后,运用专业知识对各个运动学数据进行处理分析,称为数据处理。

(1) 图像解析须借助计算机,运用专用的运动分析软件完成。具体的解析步骤如下:

① 将拍摄在录像带上的图像转换为计算机可读的数字化图像文件。目前的摄像机一般在拍摄中能直接贮存数字化图像文件。

② 打开专门的运动分析软件(如 SIMI Motion 等),首先解析比例尺,确定图形尺寸与实际尺寸之间的比例系数。对比例尺图像进行解析标定,得到已知长度(比例尺标志点间的距离)的像素数,获得图形尺寸与实际尺寸之间的比例系数。

③ 利用运动分析软件确定人体各关节点的像空间坐标。将图像文件导入专门的运动解析软件中,通过鼠标移动来确定人体各关节点在图像上的坐标(人体关节点依据所选定的人体模型的定义来确定,参见第三章),并把它贮存在计算机中。此时,人体各关节点的坐标是基于图像尺寸的像素坐标,其参考原点通常取在图像的左下角。在动作解析时,通常还会遇到关节点被局部肢体遮掩或位于摄像机对侧而不可见的情况,这时还是要靠估计进行确定,所以在图像解析时须对人体的动作有比较清晰的了解,并且要积累经验,达到一定的熟练程度。

④ 将人体各关节点的像空间坐标转换为真实空间中的坐标(像空间

坐标乘以比例系数)以及建立原始数据文件。在上一步的基础上,由解析软件计算出人体各关节点在真实空间的坐标,并将此数据序列保存或导出,作为进一步分析计算的原始数据。

(2)数据处理是指根据运动分析软件提供的计算方法,利用所有人体运动关节点(或器械)的原始坐标数据,进一步得到更多的运动学数据,如角度、速度、加速度等的过程。由于在点关节点时,前后图片确定同一关节点的过程中会有一定的误差(表现为连续曲线上的"毛刺"),因此需要对原始数据进行平滑处理,然后再进行分析。

① 数据平滑。以实验为主的运动动作与技术的测量分析研究中,原始数据大多是借助实验手段直接测量得到的(如上述利用摄像方法捕获运动的坐标数据)。由于受设备的精确程度和环境因素的影响,原始数据中必然会掺杂着噪声信号——误差。这类误差一般可通过所谓平滑处理的数学方法来减小它对数据的影响(图4.9)。

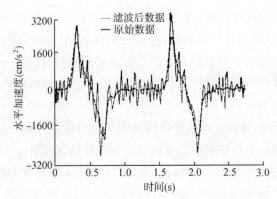

图4.9 数据平滑处理结果示意图

平滑的方法有很多。目前在运动生物力学中使用较多的是低通数字滤波器,它的原理是有选择地抛弃或衰减某一个频率,让低频信号不衰减而通过滤波器,同时衰减高频噪声。通俗地讲,就是去掉原始数据曲线中的一些"毛刺"(突变式的高频信号),使数据更为光滑。数字滤波法中有一个需要选择的参数——截止频率(f_c)。在选择截止频率时要考虑的是:如果截止频率选得太高,虽可减少信号的失真,但却会让更多的噪声通过;反过来,如果选的截止频率过低,虽然可使噪声明显减少,但会导致信号失真。因此,选择截止频率时必须兼顾这两方面的得失。对于二阶低通滤波器而言,通常选择5~10Hz的截止频率可基本满足体育动作中人体运动的平滑要求,选择截止频率的具体方法须视分析的动作而定(参见第二章)。

② 数据分析。数据分析是指对平滑后的原始数据进行数学运算,得到另外一些不能直接测定的变量。例如,利用上述经过平滑的坐标数据来计算点的速度、加速度等。

一般来讲,人体运动分析系统可产生以下运动学参数:a. 器械或人体各关节点的坐标、位移、速度;b. 器械或人体各环节纵轴与垂直轴或水平轴的夹角、角速度;c. 器械或人体各关节的角度、角速度;d. 器械或人体重心的坐标、位移、速度;e. 其他派生各种运动学数据。

利用运动分析系统,我们可对人体运动技术进行生物力学分析。目前在高校、科研单位应用较多的运动分析系统有 SIMI Motion、Ariel、Motion Analysis、Peak 和爱捷运动分析系统等。不同的运动分析系统其工作流程基本相同。

(三) 立体定点定机摄像法

1. 摄像机的架设

立体拍摄也被称为三维拍摄,它与平面拍摄不同的是:至少要两台摄像机,同时应该有三维标定框架。如果只用两台摄像机,摄像机用三脚架架设,两台摄像机的主光轴夹角一般为 60°~120°(图4.10)。

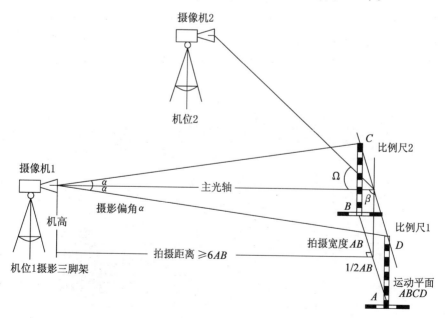

图4.10 两台摄像机的三维拍摄布置图

更多的摄像机能保证测量的精度,图 4.11 是 8 个红外摄像机的三维运动拍摄布置图。

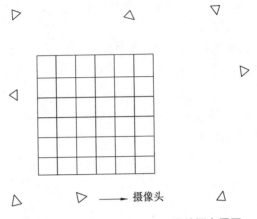

图 4.11　8 个红外摄像机的三维拍摄布置图

2. 三维标定框架

一般的三维拍摄所使用的框架为静态标定框架。框架的形状各异,常见的有辐射式、天线式、立方体状等(图 4.12)。对于红外拍摄,三维标定框架一般是专用的。基于使用反射点的三维运动自动分析系统的标定框架包括一动一静两个标定物体。"L"形框架固定在实验室并确定了坐标轴的方向,用另一个"T"形框架(图 4.13)在预先确定的拍摄空间中挥舞。这个过程确保摄像机的位置和方向已知,以便总的标定尽可能精确。

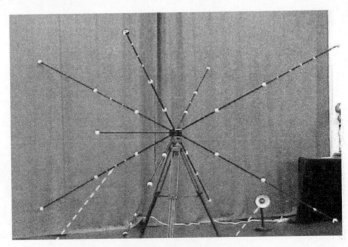

图 4.12　三维拍摄的框架

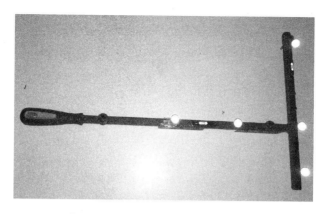

图 4.13　红外三维拍摄的"T"形框架

3. 拍摄方法与注意事项

三维拍摄方法与平面拍摄方法基本相同,不同的是:由于多台摄像机的使用,后期合成图像时需要找到同步点;另外就是摄像机拍摄的速度须一致。关于同步的做法,通常有以下几种:

(1) 内部同步。内部同步是指利用摄像机的同步设置功能,通过同步线将 2 台摄像机连接起来,同时触发 2 台摄像机的开始拍摄和终止拍摄。这种同步的效果最好,但是由于 2 台摄像机一般距离较远,同步线会很长,不利于实际拍摄中的应用。

(2) 外部同步。外部同步是指借助于外部信号(如闪光、声音等),通过已启动拍摄的 2 台摄像机接收到信号的开始时刻作为 2 台摄像机的同步时刻点。在后期处理时,只需找到这个同步时刻即能完成同步。

(3) 后期同步。后期同步是指在拍摄后的图像处理中,根据所拍摄动作的某些时刻特征进行的同步。例如拍摄跑步动作时,可以根据 2 台摄像机中所拍摄到的运动员左脚着地时刻作为同步点。这种方法会有一定程度上的误差出现。

4. 图像解析与数据处理

(1) 三维拍摄的图像解析。首先确定 2 台摄像机的同步点,截取图像文件,然后对其他图像按照 2 台摄像机各自进行解析。具体解析方法与平面拍摄相同。

(2) 数据的处理。按照运动分析软件中的三维合成功能,将 2 台摄像机的解析结果合成为 1 个数据文件,然后计算运动学参数。

第三节　人体运动的运动学参数测量与分析的应用

一、不同跑速项目步长与步频的关系

（一）测试器材

秒表、皮尺、记录纸等。

（二）测量方法

实验分组。每组6人，其中1人为起跑发令员，2人为终点计时员，2人为中间计步员，1人为受试者。每组轮流交换角色。

（1）在跑道上划出距离为30m的起跑线和终点线。在终点处设计时员2人；30m距离中间设计步员2人，分别负责学生跑30m的时间和步数测量（图4.14）。

（2）被测学生在跑道上感觉并体会慢速跑、中速跑和快速跑的速度。

（3）被测学生站立起跑线前，听到"跑"指令后，以自己的慢速跑完30m距离，由计时员计时，计步员计步，取2人的平均值，填入表4.1中。不足一步的，计步员根据自己判断的小数计入（如0.2步、0.5步等）。

（4）按上述方法完成中速跑与快速跑的计时、计步测试，将测试结果填入表4.1中。

（三）分析方法

（1）应用速度公式 $v = s/t$ 计算被测者不同跑速项目的速度，$s = 30$m，t 为2名计时员的平均数。步长 $= 30$m/步数，步频 $=$ 步数/t。将计算结果填入表4.1中。

（2）绘制步长与步频的关系图。探讨不同跑速项目步长与步频的关系。

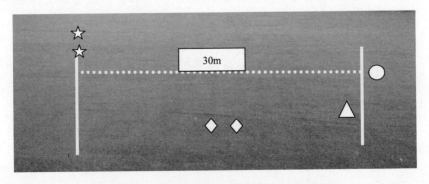

图4.14　不同跑速项目步长与步频测量示意图

表 4.1　不同跑速项目步长与步频记录表

学生基本信息：姓名、性别等。

项目	时间(s)	步数(步)	速度(m/s)	步长(m)	步频(步/秒)	备注
慢速跑						
中速跑						
快速跑						

二、学生立定跳远动作的观察测量与分析

（一）测试器材

数码摄像机 1 台、三脚架 1 个、皮尺、记录纸等。

（二）测量方法

（1）用三脚架将数码摄像机放置于学生侧前方（以能拍摄到学生立定跳远的完整动作为准），对学生的立定跳远动作进行摄像（图 4.15）。

（2）用暴风影音等具有逐帧播放功能的视频软件对学生立定跳远动作进行逐帧播放观察。图 4.16 为逐帧播放观察落地动作的示意图。

（3）观察完成立定跳远过程中预摆阶段、起跳阶段、腾空阶段、落地阶段的上肢、下肢、躯干动作。

（4）根据预先确定的动作特征，将动作出现的有无、先后顺序等信息记录在表 4.2 中。

图 4.15　学生立定跳远动作拍摄与观察记录

图 4.16　逐帧播放观察落地动作的示意图

表 4.2　学生立定跳远动作观察记录表

学生基本信息：姓名、性别等。

立定跳远成绩：

动作阶段	观察动作	观察指标	观察结果
起跳前	上肢的动作	① 上肢没有摆动,随着身体重心下降自然放在体侧	
		② 上肢直接向后摆动(一次)	
		③ 上肢先向前摆动,然后向后摆动(一次)	
	上肢摆动以及身体重心的变化	④ 身体重心下降,抬头,并有前移	
		⑤ 身体重心下降不够,有前移	
		⑥ 身体重心没有下降,没有前移	
	上肢动作	⑦ 屈臂	
		⑧ 直臂	
	上肢位置	⑨ 垂直身体重心	
		⑩ 在身体重心前	
		⑪ 在身体重心后	
起跳阶段	双脚的起跳次序	⑫ 双脚依次起跳	
		⑬ 双脚同时起跳	
	躯干姿态	⑭ 髋、膝、踝关节成一条直线	
		⑮ 膝关节弯曲	
		⑯ 大于 75 度	
		⑰ 60 度至 75 度	
		⑱ 小于等于 60 度	

续表

动作阶段	观察动作	观察指标	观察结果
起跳阶段	上肢状态	⑲ 耸肩	
		⑳ 两臂外展不过头	
		㉑ 两臂外展过头	
		㉒ 直臂侧摆成屈臂外展不过头	
		㉓ 直臂前摆成屈臂外展不过头	
腾空阶段	上肢与身体的位置关系	㉔ 上肢在身体前方	
		㉕ 上肢在身体后方	
		㉖ 上肢没有动	
		㉗ 上肢展开在身体两侧	
	大腿上抬情况	㉘ 大腿上抬接近90度	
		㉙ 大腿上抬大于45度	
		㉚ 大腿上抬小于45度	
	大腿和小腿的折叠情况	㉛ 小腿积极折叠大于45度	
		㉜ 小腿积极折叠小于45度	
		㉝ 小腿没有折叠	
落地阶段	双脚的落地次序	㉞ 双脚依次落地	
		㉟ 双脚同时落地	
	小腿前伸情况	㊱ 小腿有前伸动作	
		㊲ 小腿前伸不明显	
	上肢与身体重心的位置关系	㊳ 上肢在身体重心后	
		㊴ 上肢在身体侧	
		㊵ 上肢在身体重心前	
	膝关节角度	㊶ 落地后膝关节弯曲小于90度	
		㊷ 落地后膝关节弯曲接近90度	
		㊸ 落地后膝关节弯曲大于90度	
	重心移动状况	㊹ 落地后重心稳定	
		㊺ 落地后重心不稳定,身体前倾	
		㊻ 落地后重心不稳定,身体后倒	

(三)分析方法

(1)对样本进行定性分析。通过对决定立定跳远成绩的动作技术因素分析,初步确定影响该学生立定跳远成绩的动作技术问题。

(2)测量观察多名学生的立定跳远动作记录,结合立定跳远成绩,应用统计学方法确定影响立定跳远成绩的关键技术指标。

三、行走过程中下肢关节的角度变化

(一)测试器材

Vicon 动作捕捉系统是英国 OML 公司生产的光学动作捕捉 motion capture 系统。由一组与网络连接的 Vicon MX 运动捕捉摄像机和其他设备建立起一个完整的三维运动捕获系统。

1. MX 摄像机

MX 摄像机(图 4.17)包括捕捉特殊波长区域光波的红外拍摄器、发光器、镜头、光学过滤器及连线等。

图 4.17　MX 摄像机

2. Marker 球

Marker 球(图 4.18)的表面贴有一层具有反光作用的反光纸,能对相机发出的红外光进行反射。实验中由于 Marker 球易从人体脱落,所以一定要固定好。

图 4.18　Marker 球

3. PC 主机及相关软件

在安装 Vicon 软件前,必须把 IP 地址设为 192.168.10.1,子网掩码设为 255.255.255.0,同时需要关闭 Windows 防火墙。本系统使用的是 Vicon Nexus 1.5.1 软件。

(二)测量方法

(1)开机并打开摄像机,查看相机是否有误。与此同时,受试者进行热身运动。

(2)确定测试区域的准确性。在测试区域内的正中间摆 8 个 Marker 球,这 8 个 Marker 球组成一个正方形,然后在软件中进行调试,确保每个相机都能清楚地看到这 8 个 Marker 球。

(3)测试空间的标定。标定时,操作人员受试定标架在测试空间内有规则地晃动手中的 T 形校正架,对测试空间进行标定,使每个相机内的扫描帧数至少达到 4000 帧。

(4)为相机创面罩。主要目的是清除测试范围内的杂点及反光点。

(5)测试空间的定标。

(6)受试者形态学指标(如身高、体重、腿长、膝宽、踝宽等)的测量。

(7)Marker 球的粘贴(图 4.19)。根据实验目的采用相应的运动模型(全身模型、半身模型和自定义模型),将 Marker 球贴在人体关节点的准确位置。为减小误差,尽量由同一个人粘贴 Marker 球。具体粘贴方法参照 Vicon 红外动作捕捉系统的操作说明书进行。

(8)静态模型的采集。当贴好标志点后,让受试者两脚分开,与肩同宽,两手张开,眼睛平视正前方,站于测试区域内,用 Vicon 摄像头拍摄其静态标准姿势。测试人员应快速识别各个标志点,并建立受试者的骨架模型。标志点识别结束后,需要运行静态模式模板,静态模板运行完成后保存(图 4.20)。

图 4.19 Marker 球安放示意图

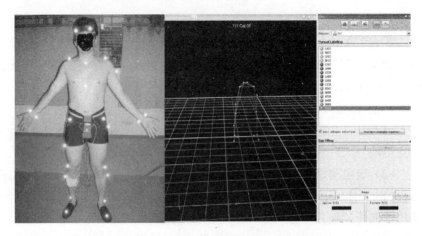

图 4.20　静态标准姿势采集与标志点识别

（9）动作技术的测试。完成静态模型后，进入采集模式。身贴 Marker 球的受试者在测试范围内完成慢走和快走实验，每个动作重复 3 次，取测试效果最好的一次进行分析。在采集过程中，可以看到采集的动作过程（图 4.21）。

图 4.21　行走动作采集过程窗口

（三）分析方法

（1）根据测试运动动作的需要，确定采用的分析模型（图4.22）。本例中选择下半身模型即可。

（2）下肢关节随时间变化的角度变化可由软件视频窗口提供的关节角度-时间曲线获得，该曲线提供了任一时刻的下肢各关节的角度数据（图4.23）。也可按照要求将处理后的数据输出为 ASCⅡ码文件，选择要输出的数据类型（角度），完成相应数据的输出。然后在其他的数据处理软件中调用数据绘制下肢关节的时间-角度曲线，并获得在行走过程中不同时刻的下肢关节角度值。

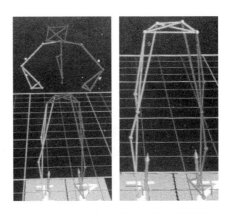

图4.22　全身模型图与半身模型图

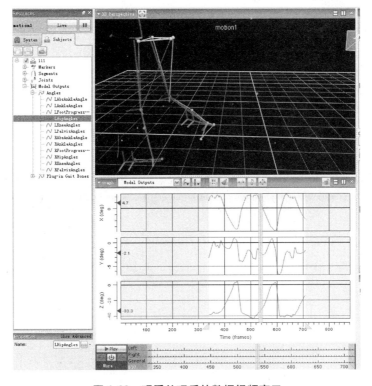

图4.23　观看处理后的数据视频窗口

（3）比较分析。通过记录对比分析测试者快走和慢走过程中的足跟着地时刻、支撑中期、足趾离地时刻的关节角度以及髋关节、膝关节、踝关节的活动范围，确定行走速度对下肢运动学的影响；通过对比同一个人在行走过程中两侧不同时刻的关节角度，初步确定受试者行走过程中下肢运动学的对称性；通过对比不同受试者行走过程中下肢两侧关节角度的差异性，试图探索造成差异性的原因。

（四）注意事项

（1）Marker球安放位置一定要准确，并且要粘贴稳定。

（2）测试空间标定时，尽量多标定一会，以减小每个相机的测量误差。

（3）测试时，尽量保证每个Marker球在每时每刻都有两台相机能捕捉到它的反光。

第五章　人体运动的动力学参数测量与分析

动力学是理论力学的一个分支学科,它主要研究作用于物体的力与物体运动的关系。人体动力学参数是解释人体运动状态变化的重要依据,其力学基础是牛顿力学。在运动技术、临床康复、工业设计等研究过程中,不仅需要掌握各种动作在运动学(时间、空间等)上所表现出来的差异特征,而且更需要了解产生这些差异的内在原因,即研究人体或器械运动状态变化与引起这些变化的力之间的关系。只有这样,才能有效地改善运动技术动作的效果,提高康复效果和工业设计水平。

第一节　人体运动的动力学参数

一、人体运动的内力参数

在研究人体运动时,首先要确定研究对象。若将人体看作是一个力学系统,那么人体内部各部分相互作用的力被称为人体内力。例如,韧带张力、肌肉张力、关节约束力、组织黏滞力、软骨应力、骨的应力等都为人体的内力。其中肌肉张力是人体内力中的主动力。由于内力是人体力学系统内部各个部分之间的相互作用力,虽可引起系统内部各部分的相对运动,但不能引起人体整体运动状态的改变。正如人无法抓住自己的头发将自己提起一样,水平再高的举重运动员都无法自举其身。

二、人体运动的外力参数

若将人体看成是一个力学系统,那么来自人体外界其他物体作用于人体的力被称为人体外力。能将人体由静态转变为动态的只能是人体的外力。

(一) 重力

人体重力(即地球对人体的引力)是一种非接触的力,是人体各部分所受地球引力的合力。人体重力的作用点为人体的重心,其方向指向地心。

重力的大小也叫重量。在物理学中,重量与质量是两个不同的概念。它们的区别在于:质量是物体内所含物质的多少,是惯性大小的量度,是物质本身的属性，其大小不随物体位置的变化而变化；质量为 m 的物体所受到的重力（G）为 $G = mg$（g 为重力加速度，一般取 9.8m/s^2）。

（二）弹性力

发生形变的物体要恢复原来的形状而作用在与它相接触的物体上的力，叫作弹性力。弹性力发生在直接接触的物体之间，并以物体发生形变为先决条件。

（三）摩擦力

摩擦力是指两个相互接触的物体做相对运动或有相对运动趋势时产生的力，称为摩擦力。物体所受的摩擦力的方向总是与其运动（趋势）的方向相反。摩擦力分为静摩擦力、滑动摩擦力和滚动摩擦力。

1. 静摩擦力

相互接触的两个物体有相对滑动趋势而又保持相对静止时，两个物体的接触面上产生阻止物体相对滑动的力，称为静摩擦力。

2. 滑动摩擦力

当两个物体相互接触并发生相对滑动时，两个物体的接触面上产生阻碍物体相对滑动的力，称为滑动摩擦力。其计算公式为：$F = \mu N$（μ 是滑动摩擦系数，N 为正压力）。

3. 滚动摩擦力

当物体沿接触面滚动时所产生的阻碍物体滚动的力，称为滚动摩擦力。

（四）支撑反作用力

人体处于支撑状态时，力作用于支点上，支点又反作用于人体，这种作用力被称为支撑反作用力。支撑反作用力分为静力性支撑反作用力和动力性支撑反作用力。

1. 静力性支撑反作用力

重力对支点产生压力，支点则对人体产生一个反作用力，它是一种约束反力，称为静力性支撑反作用力。例如，人体站在地面静止不动，重力使人体压向地面，而地面的反作用力作用于人体，这就是静力性支撑反作用力。两个力大小相等、方向相反，因而维持着人体的平衡。

2. 动力性支撑反作用力

人体处于支撑状态，人体局部环节做加速运动，人体重力给支点以作用力，支点则给人体一个反作用力，称为动力性支撑反作用力。其中局部环节加速度主要有以下三种：

（1）加速垂直离开支点。人体站立时，支撑反作用力等于体重，当两臂向上加速离开支点时,则支撑反作用力便大于重力($R>G$),增大的值与运动环节质量及其加速度成正比。这种环节加速度在人体摆动动作中经常出现。

(2)加速垂直朝向支点。人体站立时,如果突然下蹲(向下加速),则支撑反作用力便小于重力($R<G$),减小的值与运动环节质量及其加速度成正比。这种环节加速度在人体各种下蹲动作中可以见到。

(3)加速斜向离开支点。加速斜向离开支点时,支撑反作用力也会增大,并与水平面成一定角度。例如蹬地跑时,支撑反作用力(R)按力的分解可分为两个外力,其中水平分力推动人体前进,而垂直分力对抗重力。

(五)流体作用力(介质作用力)

运动员从事的体育运动或运动器械绝大多数在空气中或水中进行,其中空气、水就是介质。既然人或器械在介质内运动,必然要与介质发生接触,并相互作用,这种作用主要表现在动态作用方面。例如铁饼、标枪微逆风出手时,器械获得上举力;跳台上滑雪运动员腾空时人体受到的上举力;游泳时手臂划水对介质发生作用,介质同时对手臂以反作用力推动人体前进。这些都是流体作用力,其计算公式为:

$$F = \frac{1}{2}S\rho C v^2$$

从空气动力学的理论和实验中知道,迎面空气阻力 F 的大小与物体迎面截面积 S、流体密度 ρ、迎面阻力系数 C 以及物体对流体的相对速度 v 的二次方有关。

(六)向心力

物体做匀速圆周运动时,加速度的大小等于 v^2/R,方向指向圆心,这个加速度被称为向心加速度。有加速度的存在,就有力的存在,其方向与加速度方向和速度方向一致。因此,向心力是产生向心加速度的原因。由此可知,物体在做圆周运动时,必须有一个方向跟速度方向垂直,并且指向圆心的力作用于做圆周运动的物体上,这种力叫作向心力。其计算公式为:

$$F = ma = m\frac{v^2}{R}$$

上式中,F 为向心力,m 为运动物体的质量,v 为运动物体的线速度,R 为绕轴转动物体的半径。从公式可以看出,向心力与转动半径成反比,与转动物体的质量和线速度平方成正比。

第二节 人体运动的动力学参数测量方法

人体运动的动力学参数较多,下面主要对内力参数肌张力和外力参数支撑反作用力的测量方法进行详细阐述。

一、肌张力的测量方法

（一）正常肌张力的特征

（1）主动肌和拮抗肌可进行有效的同时收缩,使关节固定。

（2）可维持主动肌和拮抗肌间的平衡。

（3）具有完全抗重力及外界阻力的运动能力。

（4）将肢体被动地放在空间某一位置上,突然松手时,肢体有保持不变的能力。

（5）具有随意使肢体由固定到运动和在运动中变为固有姿势的能力。

（6）可以完成某肌群的协同动作,也可以完成某块肌肉独立的运动动作。

（7）被动运动时具有一定的弹性和轻度的抵抗作用。

（二）被动运动检查

通过被动运动检查来观察肌肉对牵张刺激的反应,判断是否存在肌张力过强,肌张力过强是否为速度依赖以及是否有阵挛。

1. 腕关节掌屈、背屈

体位：肘屈曲,放于体侧。

方法：检查者一手固定受试者前臂,另一手握住其手掌,做腕关节的掌屈、背屈动作。

2. 前臂旋前、旋后

体位：肘屈曲,放于体侧。

方法：检查者一手固定受试者肘部,另一手握住其腕关节,做前臂旋前、旋后动作。

3. 肘关节屈伸

体位：上肢伸展,放于体侧。

方法：检查者一手固定受试者上臂,另一手握住其前臂,做肘关节屈伸动作。

4. 肩关节外展

体位：肘屈曲90度,上肢放于体侧。

方法：检查者把持受试者手腕和肘关节，做肩关节外展动作。

5. 髋、膝关节屈伸

体位：仰卧，下肢伸展。

方法：检查者一手把持受试者踝关节，另一手放在其小腿后上部，做髋、膝关节屈伸动作。

6. 髋关节内收、外展

体位：仰卧，下肢伸展。

方法：检查者一手把持受试者踝关节，另一手放在其膝部，做髋关节内收、外展动作。

7. 踝关节背屈、跖屈

体位：仰卧，髋、膝关节屈曲。

方法：检查者一手置于受试者踝关节近端附近，另一手置于其脚掌部，做踝关节背屈、跖屈动作。

8. 颈屈伸、侧屈、旋转

体位：仰卧，取出枕头，使颈部探出床边。

方法：检查者双手把持受试者头部，做颈屈伸、侧屈、旋转动作。

（三）摆动检查

以一个关节为中心，主动肌和拮抗肌交互快速收缩、快速摆动，观察其摆动幅度的大小。肌张力低下时，摆动幅度增大；肌张力增高时，摆动幅度减小。

1. 手的摆动检查

体位：立位，肘屈曲，上肢置于体侧。

方法：检查者一手固定受试者上臂，另一手把持其前臂，急速地摆动其前臂，在摆动前臂的同时，腕和手会相应地屈伸。肌张力低下时，腕和手屈伸过度；肌张力亢进时，腕和手屈伸幅度减小。

2. 上肢摆动检查

体位：立位，上肢自然置于体侧。

方法：检查者双手分别置于受试者双肩，让其躯干左右交替旋转，对应上肢前后摆动。肌张力低下时，上肢处于摇摆状态；肌张力亢进时，摆动幅度减小。

3. 下肢摆动检查

体位：坐在位置较高的地方，使足离开地面。

方法：检查者握住受试者的足，先抬起，然后放下，使足摆动，观察受试者下肢摆动至停止的过程。肌张力低下时,摆动持续延长;肌张力亢进时,摆动快速停止。

(四)伸展性检查

左、右两侧相同肌肉伸展到最大伸展度时,一侧出现过伸位,提示该侧肌张力下降。

1. 腕关节掌被屈

体位:仰卧位,肘屈曲,前臂立起。

方法:腕和手指同时屈、伸。

2. 肘的屈、伸

体位:仰卧位,上肢置于体侧。

方法:做肘的屈、伸动作。

3. 手腕靠近肩

体位:坐位。

方法:肘屈曲,腕掌屈,向肩关节靠近。

4. 双肘靠近背后脊柱

体位:坐位。

方法:肘屈曲,左、右肘靠近背后脊柱。

5. 上肢绕颈

体位:坐位。

方法:上肢内收,前臂绕颈部。

6. 踝关节背、跖屈

体位:仰卧位,下肢伸展。

方法:踝关节强力背、跖屈。

7. 膝关节屈伸

体位:仰卧位。

方法:用力屈曲膝关节,同时足跖屈。

8. 髋、膝关节同时屈曲

体位:仰卧位。

方法:髋、膝关节屈曲,足跟接近臀部。

(五)姿势性肌张力检查

正常姿势张力:反应迅速,姿势调整立即完成。

痉挛或肌僵硬:过度抵抗,姿势调整迟缓。

手足徐动:过度抵抗或抵抗消失交替出现。

迟缓性：无肌张力变化，关节过伸展。

（六）被动活动（PROM）肌张力分级标准

Ⅰ轻度：在 PROM 的后 1/4 时，即肌肉处于最长位置时出现阻力。Ⅱ中度：在 PROM 的 1/2 时出现阻力。Ⅲ重度：在 PROM 的前 1/4 时，即肌肉处于最短位置时出现阻力。

（七）改良的 Ashworth 分级标准

0 级：正常肌张力。

1 级（肌张力略微增加）：受累部分被动屈伸时，在关节活动范围之末时呈现最小的阻力，或出现突然卡住和突然释放。

1＋级（肌张力轻度增加）：在关节活动后 50% 范围内出现突然卡住，然后在关节活动范围后 50% 均呈现最小阻力。

2 级（肌张力较明显地增加）：通过关节活动范围的大部分时，肌张力均较明显地增加，但受累部分仍能较容易地被移动。

3 级（肌张力严重增加）：被动活动困难。

4 级（僵直）：受累部分被动屈伸时呈现僵直状态，不能活动。

二、地面反作用力的测量

（一）地面反作用力的测量方法

目前，地面反作用力的测试多采用三维测力台。三维测力台主要应用于步态、平衡分析领域，可以准确地得出不同步态和姿势的地面作用力、摩擦力以及压力中心等参数指标。

三维测力台由 4 个三向力传感器组成。每个力传感器内有 3 个石英晶片作为敏感元件，分别感受 3 个方向的力 Fx, Fy, Fz。石英敏感元件在受力后其表面会产生电荷。

纵向效应：在受压的石英表面产生电荷。

剪切效应：在受剪切力的石英表面上产生电荷。

横向效应：在与受压面垂直的石英表面产生电荷。

这里的三向力传感器 Z 方向利用了纵向原理，X 和 Y 方向利用了切向原理。Kistler 三维步态测力台中的内置电荷放大器是用于收集电荷并将其放大转换成电压信号，以便后端数据采集系统采集的装置。

（1）以 Kistler 测力台（图 5.1）为例，测试受试者跑步支撑期的地面反作用力（图 5.2）。

图 5.1　Kistler 三维测力台

正式测试前,要求受试者赤足在长约 8m 的木质地板上试跑几次(测力台安放于地板上),调整起始步位置,使测试足完全踏在测力台上面,让受试者足底适应接触的测力台,减少测试仪器对受试者跑步动作的影响,直至受试者感觉自己可以正常测试为止。要求受试者在此跑步过程中"无视"测力台的存在,避免出现跨步、踮脚、忽快忽慢等现象,要求受试者的跑速控制在 $(3.5 \pm 5\%)$ m/s。正式测试时,每个受试者的两侧各按要求做 3 次动作,每次动作间隔 2 min,以避免疲劳对研究结果的影响。

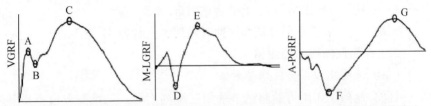

VGRF 表示垂直方向的地面反作用力,M-LGRF 表示内外方向的地面反作用力,A-PGRF 表示前后方向的地面反作用力,A 表示第一峰值,B 表示波谷值,C 表示第二峰值,D 表示向内方向的最大地面反作用力,E 表示向外方向的地面反作用力,F 表示向后方向上的最大地面反作用力,G 表示向前方向上的最大地面反作用力。

图 5.2　地面反作用力示意图

(2)以 Kistler Quattro Jump(图 5.3)纵跳训练分析系统测试仪器设备为例,测试纵跳力-时间曲线、速度-时间曲线、纵跳高度、纵跳功率、反向移动深度等参数。

图 5.3　纵跳训练分析系统测试仪器示意图

测试指标示意图如图5.4所示。

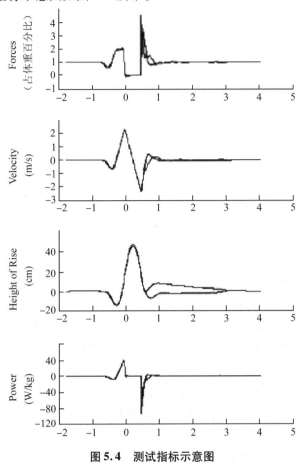

图5.4 测试指标示意图

双臂固定原地纵跳高度测试方法：受试者双手叉腰固定，整个过程不允许摆臂，两脚自然站在纵跳台上，保持稳定，当听到实验者给出的声音信号后开始原地跳起，落地时两脚稳定落在纵跳台平台上。此时，系统根据获得的动力学参数自动计算起跳高度，并记录此次纵跳高度的数据。受试者分别穿两款鞋竭尽全力跳3次，每次测量的时间间隔在5 min以上，以保证受试者得到充分的休息。

（二）足底压力测试技术

1938年，第一块测力板用来探讨猫的步态，此后，足底压力分布测试系统迅速发展。足底压力分布测试技术主要有直接形象化技术、测力板技术和鞋垫测试技术。

1. 直接形象化技术

将一个黑色橡胶垫放在泛光的玻璃板上,当受到足底压力时,垫子的下表面被压平,呈锥状,这些黑点阵列在亮背景下以足印的方式呈现。为了加强图形的对比度,在垫子和玻璃板之间引入一种白色不透明液体,每点的面积是局部压力的函数。局部压力越大的区域,足印越黑。通过摄像机可记录足印,由此得到直接的瞬时压力和压力分布。

还可用液晶片制成薄垫,放在有机玻璃板上。当足与液晶垫接触时,随压力的增加,液晶颜色由亮逐渐变暗,通过玻璃板下的摄像机记录亮度的变化,光波长与液晶的压力间有定量的关系。

2. 鞋垫测试技术

目前具有代表性的鞋垫测试系统有德国 Novel 公司产的 Pedar 鞋垫式足底压力测试系统、美国 Tekscan 公司产的 F-Scan 鞋垫式足底压力测试系统等。下面以美国 Tekscan 公司的 F-Scan 三维动态足底压力步态分析系统为例,说明足底压力的测试过程。

实验方法:检测时,所有测试者足踝活动正常,以个人平常步态自然行走,步幅大小因人而异,一般为个人身高的37%,以80~120步/分的速度水平匀速直线行走,采集时间为8秒,收集频率为50帧/秒。用平板系统单步法测量时,所有受试者均脱鞋袜,左、右脚各测3次静态足底压力。用鞋垫法检测时,所有受试者均穿着软底跑步运动鞋,选择符合受试者鞋内底尺码的测试鞋垫,确保测试鞋垫边缘无折痕,鞋垫大小与鞋底边缘吻合。佩戴测试设备后,实验前对受试者说明需要注意的问题后对其进行步态训练,使其步态在短期内达到实验要求。测试前要进行3min左右的适应性练习。在单位瞬间压力测试的8 s采集时间内,取第一帧的足底压力接触面积、第一帧瞬间双足底面与平板接触面积峰值压力、各部位压强平均峰值。测量的力学特征指标包括各足底区域压强峰值分布、各足底区域压力重心轨迹对比、足底各主要区域与地面接触时间百分比均值。数据采集与分析采用配套软件 footscan SOFTWARE7.0,根据足底区域各有效受力区间建立10个分析区域,具体选取位置为第1趾骨前端(T_1)、第2~5趾骨前端($T_2 \sim T_5$)、第1跖骨头(M_1)、第2跖骨头(M_2)、第3跖骨头(M_3)、第4跖骨头(M_4)、第5跖骨头(M_5)、足中部($V_1 \sim V_2$)、足跟内侧(H_1)和足跟外侧(H_2)。

3. 测力板技术

目前常见的测力板有瑞士奇石乐公司生产的测力板、德国 ADAM 测力板、美国 Tekscan 公司生产的测力板、德国 Zebris 测力板、比利时

footscan-USB 足底压力平板测试系统、Win-pod 足底压力测试仪器等。

下面以 Win-pod 测试仪器为例,说明测试方法。

测试方法:将测力板平行或前后放置在步行通道中间,要求受试者以常速赤足行走在步行通道上。测试前让受试者根据自己平常行走时的步长进行试走,以保证正式测试时测试足完全踏在测力板上。正式测试时,每个动作按照要求做 3~5 次,测试仪器及其结果如图 5.5 所示。

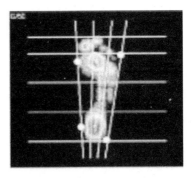

图 5.5　Win-pod 压力平板及测试压力足印

第三节　人体运动的动力学参数测量与分析的应用

一、跑步时的动力学测量与分析

(一)测试器材

Kistler 测力台(40cm×60cm)、装有测力台软件的电脑以及其他配件设施。

(二)测试方法

(1) 打开电脑和测力台。

(2) 确保测力台表面干净,无杂物,在操作软件上对测力台进行"清零",以确保数据的准确、可靠。

(3) 首先对测试者的体重进行测量。让测试者站于测力台上,待数值稳定后,记录下该数值。由于测力台所测数据单位为牛顿,换算为千克需要除以 9.8,记录体重。

(4) 正式测试前,要求测试者赤足在长约 8 m 的木质地板上(测力台安放于上面)以常速试跑几次,调整起始步位置,使测试足完全踏在测力台上面，让受试者足底适应接触的测力台，以减小测试仪器对受试者跑步动作的影响，直至受试者感觉自己可以正常测试为止。要求受试者在跑步过程中"无视"测力台的存在，避免出现跨步、踮脚、忽快忽慢等现象。每个测试者按要求做3次动作。记录3次采集到的数据。

（三）数据处理

本实验主要对跑步过程中受试者支撑阶段的力学数据进行处理，所测试指标见表5.1。将测试得到的力值除以受试者体重进行标准化处理，标准化后的数据为体重（body weight，BW）的倍数，旨在消除体重差异对实验结果的影响。将实验结果填入实验记录表（表5.2）。

表 5.1　测试指标

测试指标	指标名称	指标定义
$Fx1$	制动力峰值	前后方向的最小值（负值）
$Fx2$	加速力峰值	前后方向的最大值（正值）
$Fy1$	内外方向的最小力值	支撑期内外方向上的最小力值（负值）
$Fy2$	内外方向的最大力值	支撑期内外方向上的最大力值（正值）
$Fz1$	第1峰值	垂直方向的第1峰值力
$Fz2$	第2峰值	垂直方向的第2峰值力
$Fz3$	垂直两峰值之间的最小值	垂直方向第1和第2峰值之间的最小力值

表 5.2　实验记录

	$Fx1$	$Fx2$	$Fy1$	$Fy2$	$Fz1$	$Fz2$	$Fz3$
第一次实验							
第二次实验							
第三次实验							

二、不同半蹲跳姿势的力学测量与分析

（一）实验仪器

实验仪器有身高测量仪1台、Kistler9286AA便携式测力台1台、电脑1台、关节角度尺1套。

Kistler中的Quattro Jump纵跳分析系统依据纵跳能力、协调性和耐力有效地测试腿部动作训练条件,运动员可以根据需要进行单次纵跳或多次连续纵跳分析,可以直观地观察到自身纵跳的情况。

(二)测试方案

首先对受试者的身高、体重进行测试记录(表5.3),对受试者讲解测试的主要内容及动作要领。纵跳测试前让受试者进行5~10min的热身,以身体微热为准。

表5.3　受试者的基本信息

年龄(岁)	身高(cm)	体重(kg)

连接实验仪器,保证其正常使用。对实验仪器进行测试,看其测试实验数据是否正常,保证实验数据与测力台测试同步。

半蹲跳(SJ)示意图见图5.6。运动员缓慢下蹲屈膝,半蹲至膝角90°,双手叉腰,停顿1~2s,然后在起始位置尽最大努力地向上垂直跳起。开始测试要求受试者尽全力完成动作。单个动作可多测试几次,找出其最有效动作,测试时应该给予受试者口头鼓励,督促其完成。整个测试过程中,双脚必须落在测力台有效区域范围内,SJ动作规格要求如下:

(1)双手叉腰。

(2)在测力台上站直,等待"开始"命令。

图5.6　半蹲跳示意图

(3)听到"开始"命令后蹲至起跳姿势(膝关节90°、120°、150°),并保持角度不变1~2s。

(4)尽最大力向上起跳(起跳时无须再下蹲)。

(5)自然下落缓冲并站直1~2s。

为了获得最佳测试结果,必须做到以下几点:

(1)要鼓动运动员在测试时使出全力。在测试前,要让运动员明白测试的目的和要求。

(2)测试时不能匆忙。受试者初次参加测试往往不易成功,一定要耐心讲解清楚测试的步骤和技术。

(3)在分析测试结果时,一定要根据性别、年龄、运动项目、训练年限、运动员当时所处的训练阶段、伤病史等情况做出具体的分析。

(三) 记录测试数据

记录不同屈膝角度半蹲跳时的纵跳高度和地面反作用力(表5.4)。

表5.4 不同屈膝角度半蹲跳时的纵跳高度和地面反作用力

屈膝角度	纵跳高度	落地时的最大地面反作用力
90°		
120°		
150°		

三、行走时足底压力的测量与分析

(一) 实验仪器

实验仪器包括电脑、比利时 RSscan International 公司生产的 footscan-USB 足底压力平板测试系统(检测足底压力)。测力板的面积为 30cm × 50cm。

(二) 测试方法

先让所有受试者静止站立于平板上,测试静态足底压力,然后让受试者进行环境适应性训练,要求其裸足随意行走。待其适应后,以常速自然行走通过测力平板,每名受试者左、右足各完成3次,由仪器采集记录6次足的动态足底压力分布。

(三) 数据处理

数据分析处理采用配套软件 footscan SOFTWARE7.2。分析时,根据足的解剖位置,将足底分为前足、足弓和足跟3个区域;为了便于研究,又将足底分为足跟内侧、足跟外侧、足弓、第1跖骨头、第2跖骨头、第3~5跖骨头、第1趾骨、第2~5趾骨共8个区域。计算数据用平均值表示,全部统计分析用 SPSS13.0 统计软件包完成。

第六章 人体稳定性的测量与分析

第一节 人体稳定性概述

稳定性又称稳定程度或稳定度，是指人体或物体通过抵抗各种干扰作用来保持平衡的能力。人体的稳定性包括两个方面：一是指人体静止时抵抗各种干扰的能力，这种能力被称为静态稳定性；二是指人体重心偏移平衡位置后，干扰因素去除时，人体仍能恢复到初始平衡范围，这种能力被称为人体平衡的动态稳定性。人体稳定性对于静止和运动中的人体平衡很重要，稳定性强的人能最大限度地调控人体的平衡。在体育运动中，人体的稳定性直接影响动作的成败与成绩的高低。例如，举重成功的标志是保持杠铃举起达3s。高难度平衡动作的稳定性对体操、技巧、武术的比赛成绩影响更大，一个稳定度很高的平衡动作的完成常会在瞬间改写成绩的排名。人体在运动中的稳定性需要通过各种平衡训练获得。

一、人体平衡的分类

（一）依据支撑点相对于人体重心位置的不同划分

1. 上支撑平衡

当人体处于平衡且支撑点在人体重心的上方时，这种平衡状态被称为上支撑平衡。例如，体操中的各种悬垂动作。

2. 下支撑平衡

当人体处于平衡且支撑点在人体重心的下方时，这种平衡状态被称为下支撑平衡。例如，站立、平衡木上的平衡动作及田径、游泳、举重等各类平衡动作。

3. 混合支撑平衡

混合支撑平衡是一种多支撑点的平衡状态，这时有的支撑点在人体重心的上方，有的支撑点在人体重心的下方。例如，肋木侧身平衡，即所谓的人体旗帜动作。

（二）依据平衡的稳定程度划分

1. 稳定平衡

人体在外力作用下偏离平衡位置后，当外力撤除时，人体自然恢复平衡位置,而不需要通过肌肉收缩恢复平衡,这种平衡就是稳定平衡。多数上支撑平衡属于稳定平衡,如单杠悬垂动作。

稳定平衡的特点是:当偏离平衡位置时,重心升高,产生的重力矩使人体向平衡位置移动,回到平衡位置后,合力为零,合力矩为零。

2. 不稳定平衡

人体在外力作用下偏离平衡位置后,当外力撤除时,人体不仅不能恢复原来的平衡位置,而且更加偏离平衡位置,这种平衡叫作不稳定平衡。这类平衡仅在下支撑平衡动作中出现,例如单手倒立动作。

不稳定平衡的特点是:偏离平衡位置时,重心降低,产生的重力矩使人体继续倾倒。

3. 有限度的稳定平衡

人体在外力作用下,在一定限度内偏离平衡位置,当外力撤除时,人体回到平衡状态,但是当偏离平衡位置超过某一限度时,人体就会失去平衡,这种平衡被称为有限度的稳定平衡。这类平衡在下支撑动作中较为常见。

有限度的稳定平衡的特点是:在一定限度内偏离平衡位置时,人体重心升高,产生的重力矩使人体向平衡位置移动,最终恢复平衡,但超出某一限度偏离平衡位置时,人体重心降低,产生的重力矩使人体更加偏离平衡位置。

4. 随遇平衡

物体在外力作用下偏离平衡位置,当外力撤除后,物体既不回到原来位置,也不继续偏离新位置,而是在新位置上保持平衡。这类平衡在体育动作中较少见,前滚翻动作可近似地看作随遇平衡。

随遇平衡的特点是:偏离原来位置时,重心高度不变,不产生使人体位置移动的重力矩。

二、影响稳定性的因素与人体平衡的特点

(一)影响稳定性的因素

人体平衡的稳定性是指人体处于有限稳定平衡状态时,抵抗各种破坏的作用而保持平衡的能力。也就是说,当人体所受合外力为零,合外力矩也为零时,可以获得平衡,但维持平衡就要考虑该平衡的稳定性。在某些运动(如体操、武术、摔跤等)中,其稳定性的好坏会直接影响运动成绩,因此必须了解影响平衡稳定性的各项因素。

1. 支撑面

支撑面是由各支撑部位的表面及它们所包围的面积构成的。支撑面

越大,物体平衡的稳定性就越好。例如,两脚开立比两脚并立的支撑面积大,而且稳定性好;双手倒立比单手倒立更稳定且难度较小。

2. 重心高度

在支撑面不变的情况下,人体或物体的重心位置越低,稳定性越好;重心位置越高,稳定性越差。

3. 稳定角

稳定角是重力作用线和重心至支撑面相应边界的连线之间的夹角。稳定角越大,稳定性越好;反之则越差。在实际运动中,应根据动作的目的选取不同的稳定角。例如,在短跑的蹲踞式起跑及游泳的出发姿势中,都尽量使身体前移,以使重力作用线接近支撑面的前缘,目的就是减小向前的稳定角,以便听到枪声或口令时即使失去平衡,也有利于起跑和出发;在武术和摔跤等项目中,就必须加大在对手方向的稳定角,以提高对抗方向的稳定性;在球类运动中,运动员可能沿多个方向启动,因此需在保持平衡的前提下,减小各个方向上的稳定角。

4. 稳定系数

在摔跤、拳击和柔道这些项目中,运动员按体重分级的原因是体重对人体的稳定性也有影响。常用稳定系数这一概念来表示体重在平衡时的作用。稳定系数为稳定力矩与翻倒力矩之比值,其大小可反映人体抵抗各种外来作用而保持平衡的能力。当稳定系数 $K > 1$ 时,平衡没有被破坏;当 $K = 1$ 时,处于临界状态;当 $K < 1$ 时,平衡被破坏。这里的稳定力矩一般是指重力矩,是人体的重力和重力臂二者的乘积。

人体平衡的类型取决于重力的作用方式。在人体姿势有极小的偏离时,如单杠悬垂动作,人体的重心是升高的,势能增大,重力形成力矩,重力矩起到恢复原有姿势的作用。偏离量不超出一定限度时,即重力作用线(或质心在水平面上的投影)未超出支撑面的边界,在这一限度内,重力形成稳定力矩,可以恢复到原有的平衡姿势。这种平衡就是稳定平衡。若继续使人翻倾,越过这个界限,势能便开始减小,重力矩变成倾倒力矩,重力矩只在一定限度内起到恢复平衡的作用,此时就是有限度的稳定平衡。只要使人体向任何一方偏倾,质心便降低,势能减小,重力矩就变成倾倒力矩,极小的偏倾就会破坏这种平衡,此为不稳定平衡。如果人体位置无论发生怎样的偏离,都不改变质心位置高度,不产生重力矩,人体总是能在新位置下保持平衡,这种平衡就是随遇平衡。随遇平衡就是不会因重心偏离而产生重力矩的平衡状态。

（二）人体平衡的特点

人体是复杂的生物力学系统，在考虑平衡及评定其稳定性时，须考虑下列生物学力学因素。

1. 人体不能绝对静止

从一方面来说，人体的呼吸、循环运动使得人体重心不是定点，而是波动的。在射击和射箭运动中，瞄准后要求屏气发射，就是为了减小人体因呼吸运动而造成的重心波动。另一方面，人体肌肉的张力任何时候都不恒定，因而人的姿势不可能定格不变，肌肉疲劳时更明显。

2. 人体形状可变

由于人体支撑面边缘均为软组织，因此，人体的有效支撑面的面积要小于"理论"支撑面的面积。同时，由于人体不是形状不变的刚体，一方面在有翻倒趋势时，依靠人体自身的姿势自动调节系统（主要是小脑的身体姿势调节系统）反射性地改变身体姿势，可以保持原有平衡。一般是身体总重心向不适位移的相反方向移动（称为补偿动作或补偿运动），如右手提重物时，身体自然向左倾斜，以保持平衡。另一方面，在翻倒发生后，依靠人体肢体的移动可以通过建立新的支撑面来保持平衡，运动中的平衡控制大多属于这种情况。例如体操运动员落地后，一旦平衡失稳，就需要迅速向前或向后跨一步，以建立新的支撑面来控制平衡；待稳定后，又通过并腿确立新的支撑面，建立新的平衡，从而顺利完成整个落地动作。

3. 人体内力的作用

人体的内力即运动系统各组织器官产生的力，它不能改变人体整体的运动状态。但是内力可以通过对外界环境（人体或物体）的主动作用，使人体受到外界环境的反作用，从而影响人体的平衡。在体育运动中，人体可以通过增大或减小内力，特别是肌肉的用力大小，改变作用于人体的力或力矩来影响人体的稳定性。例如在手倒立姿势中，人体有向前翻倒趋势时，可以通过4个手指的主动用力作用于垫子，垫子则以反作用力作用于人体，增加人体的稳定力矩，从而增加手倒立的稳定性。

4. 心理因素的影响

在体育运动中，外环境的变化和人体内环境的变化均会对人体神经系统产生一定的影响，其表现为心理因素的改变。其中，交感神经兴奋表现出的紧张心理反应对人体平衡稳定性的影响最为明显。一方面紧张会影响视觉在平衡调节中的积极作用，另一方面也会影响大脑及其下位中枢对肌紧张的调节能力，从而影响平衡。

第二节 人体稳定性的测量方法

人体稳定性的测量其实就是对人体平衡能力的测量。人体的平衡能力包括静态的稳定性和动态的协调性。研究人体平衡能力对运动医学、康复医学以及老年医学均有重要意义。平衡机能检查实际上就是检查在维持身体平衡方面起作用的前庭系统、视觉系统和本体感觉系统的功能，以及控制上述系统的小脑和脑干的功能。

由于不同类型人群的平衡能力特点可能不同，探索人体平衡能力的测量与评定方法时，还要考虑人群类型。对于儿童、老年人、孕妇、平衡障碍等人群而言，人体平衡能力评定可以为预防其跌倒提供科学依据；对于正常成人而言，平衡能力是反映人体生理机能状况的重要指标之一；对于平衡能力要求较高的运动项目而言，平衡能力是体现运动员专项素质的一项重要指标。对人体平衡能力的测评方法主要有观察法、量表测评法和实验测量法。

一、观察法

（一）闭目直立检查法（Romberg's test）

受试者闭目直立，双脚并拢，两手臂下垂、侧平举或两手互扣于胸前，维持30s。受试者若有前庭功能障碍，将向患侧偏倒，转动头部时偏倒方向也随之改变。受试者若有小脑病变，将向患侧或后方偏倒，头部转动时不会引起偏倒方向的改变。该法仅适用于有前庭功能障碍的患者，不适用于正常人。

（二）强化Romberg检查法（strengthening Romberg's test, SR）

受试者采取足尖接足跟、两足一前一后直立的方式，记录稳定维持此种站立姿势的时间、睁闭眼时身体的摆动。

（三）单腿直立检查法（one leg stand test, OLST）

受试者单脚站立，双手叉腰。观察受试者睁眼、闭眼保持平衡的时间。时间越长，平衡能力越好。

（四）过指试验（past pointing test, PPT）

过指试验又称错指物位试验。受试者与检查者相对而坐，对侧上肢前平举，食指伸出，指尖相互接触，其他四指握拳。受试者抬高上肢，然后恢复水平位，使食指尖与检查者相对。连续偏斜3次为异常。也可加大测试难度，第1次指尖相对后，让受试者闭眼检查，若闭眼时有偏斜，则为异常。正常人无过指现象。前庭功能障碍患者过指的特点是食指偏向前庭功能较弱侧。小脑病变患者过指的特点是患侧食指向患侧偏斜。

二、量表测评法

（一）Berg 平衡量表（Berg balance scale，BBS）

Berg 平衡量表是加拿大流行病学专家 Katherine Berg 在 1989 年首先报道的。国内外学者经过大量的信度和效度研究后，对 Berg 平衡量表予以充分的肯定。Berg 平衡量表主要用于检测本体感觉输入对平衡能力以及协调性的影响，其他平衡量表是在此基础上的引申和发展。Berg 平衡量表主要适用于具有平衡功能障碍的患者或老年人。测试仪器设备仅需要 1 块秒表、1 根软尺、1 个台阶和 2 把高度适中的椅子即可完成测评工作，应用非常简便。量表包括 14 个条目：由坐位到站位、持续无支持站立、持续无支持坐位、由站到坐动作、床椅转移、闭眼无支持持续站立、无支持双足并拢持续站立、站立位上肢前伸距离、站立位从地上取物、转身向后看动作、身体原地旋转 1 周、持续无支持双足交替踏台阶、双足前后持续站立、单腿持续站立。每个条目有 0～4 分 5 个等级，每个等级均对应详细的评分方法，总分 56 分。评分越低，平衡功能障碍越严重。得分为 0～20、21～40、41～56 分别对应的平衡能力代表坐轮椅、辅助步行和独立行走 3 种活动状态；总分低于 40 分预示有跌倒的危险性。

（二）Tinetti 步态和平衡量表（Tinetti gait and balance scale）

Tinetti 步态和平衡量表由 Tinetti 于 1986 年首先报道。此量表包括平衡和步态测试两部分，满分 28 分。其中平衡测试部分共有 10 个项目，主要包括站位平衡、坐位平衡、立位平衡、转立平衡、轻推反应等，测试一般需要 15min，满分 16 分；步态评测表是为评测老年人的步行质量而设计的，共有 8 个项目，分别有步行的启动、步幅、摆动足高度、对称性、连续性、步行路径、躯干晃动情况和支撑相双足水平距离，根据患者实际的步行状况评分，满分 12 分。得分少于 24 分表示有平衡功能障碍，少于 15 分表示有跌倒的危险性。该量表可用于探测平衡能力障碍患者的行动能力，定量其严重程度，辨识出步态或平衡项目中最受影响的部分，据此结果拟订治疗计划；也可对老年人的平衡能力进行评估，进而预测老年人的跌倒风险。

（三）活动平衡信心量表（activities-specific balance confidence scale，ABC 量表）

活动平衡信心量表是一份平衡自信表，主要评价完成量表条目要求并保持平衡的信心。该量表共包括16个条目,每个条目11个等级,每10分1个等级,评分范围0~100分,评分后再计算均分。16个条目分别为:在房间里散步;上下楼梯;弯腰从地上捡起一双鞋子;从与自己一样高的架子上拿东西;踮起脚从比自己高的地方拿东西;站在凳子上拿东西;扫地;外出搭乘出租车;上下公交车;穿过停车场去商场;走上或走下较短的斜坡;一个人到拥挤的商场(周围的人走得很快);在拥挤的商场里被人撞了一下;拉住扶手上下自动扶梯;手拿东西时(不能握住扶手)上下自动扶梯;在结冰的路面上行走。活动平衡信心量表在帕金森病患者中也存在天花板效应(天花板效应是指测验题目过于容易,致使大部分个体得分普遍较高的现象)。

(四)Brunel 平衡量表(Brunel balance assessment,BBA)

Brunel 平衡量表是专门评估脑卒中患者平衡功能的量表。该量表共包括三大领域(由易到难分别为坐位平衡、站位平衡、行走功能)12个项目。每个项目给受试者3次通过机会,评分包括两个级别:不能通过为0分;能通过为1分。满分为12分。评估时,由受试者对12个项目的难易程度进行主观判断,受试者由易到难逐个通过每一个项目,直到不能通过某一条目时,评估结束。

(五)动态步态指数(dynamic gait index,DGI)

动态步态指数主要用于评价60岁以上老年人的步态稳定性和跌倒风险。共包括8个项目:不同速度行走、步行中转头、跨越及绕行障碍物、上下台阶、快速转身等。每个项目0~3分,共4个等级分数,满分为24分。分数越高,表示平衡能力越好。但是,由于其测试项目普遍较为简单,也存在天花板效应。一般认为,动态步态指数低于19分提示有高跌倒风险。

(六)功能性步态评价(functional gait assessment,FGA)

功能性步态评价是动态步态指数的改良,目的是消除动态步态指数可能存在的天花板效应。共包括10个项目,其中7个项目来源于动态步态指数。这10个项目分别为水平地面步行、改变步行速度、步行时水平方向转头、步行时垂直转头、步行和转身站住、步行时跨过障碍物、狭窄支撑面步行、闭眼行走、向后退、上下台阶等。每个项目0~3分,共4个等级分数,满分为30分。分数越高,表示平衡能力越好。其评价方法根据不同的人群有不同的标准。对于社区居民,低于20分提示有较高的跌倒风险;对于帕金森病患者,低于15分提示有较高的跌倒风险。

(七）计时起立-行走测验（timed up and go test，TUGT）

计时起立-行走测验的具体方法是：患者坐在椅子上，听到施测者口令后站起，直线向前走3m，然后转身走回在椅子上坐下，记录所用的时间。该测验要求患者坐在椅子上时背部要靠椅背，双手放在扶手上。计时起立-行走测验所需工具为1把座位高46cm且有靠背及扶手的椅子、1块秒表。测试简单易行，已经在国内外平衡评定中大量应用。

(八）Fugl-Meyer 平衡量表（Fugl-Meyer balance scale）

此量表主要运用无支撑坐位、健侧展翅反应、患侧展翅反应、支撑下站立、无支撑站立、健侧站立、患侧站立这7个动作来评价有平衡功能障碍者的平衡能力。每个动作有0分、1分、2分三个等级，总分为14分。分数越高，说明平衡能力越好。

(九）Lindmark 平衡量表（Lindmark balance scale）

主要根据完成动作的情况分0～3分四个等级评分。主要动作包括自己坐、保护性反应、在帮助下站立、独自站立、左脚单脚站立、右脚单脚站立共6项测试，总分为18分。分数越高，说明平衡能力越好。

三、实验测量法

（一）人体静态平衡能力测量与评定方法

人体静态平衡能力是指人体处于某种特定姿势保持稳定状态的能力。其测评方法主要包括闭眼单脚站立测试、闭眼单脚站立成鹰姿、踏木测试和WIN-POD平衡功能检测系统等。

1. 闭眼单脚站立测试（stork stand test）

受试者闭眼站立，双手叉于腰间，听到"开始"口令后，抬非优势脚，使脚底固定于优势脚内踝部位，记录保持此姿势的时间。保持时间越长，说明静态平衡能力越好。一般认为60s以上为良好，30～60s为一般，30s以下为差。对于平衡能力较好的人群，比如太极拳运动员而言，闭眼单脚站立测试易产生天花板效应。因此，可以加大动作难度，采取闭眼单脚站立成鹰姿再进行测试。具体方法是：受试者闭眼单脚站立，两臂侧平举，躯干前屈，同时非支撑腿后伸，躯干与非支撑腿与地面平行时开始计时，平衡被打破时测试结束。保持平衡的时间越长，说明平衡能力越好。

2. 踏木测试（treadle test）

受试者单脚或双脚前脚掌踏在木板上，双手叉腰或交叉握于体前，测试维持身体平衡的时间。根据测试对象的不同，可以选择闭眼或睁眼，因此，共有双脚睁眼、双脚闭眼、单脚睁眼、单脚闭眼四种测试方案，难度依次增加。该法适用于评估青少年或运动员的静态平衡能力。

3. WIN-POD 平衡功能检测系统(WIN-POD balance test system)

WIN-POD 平衡功能检测训练系统是由法国生产的。该系统由三大部分组成：一是测试平台，共 48×48 个传感器；二是 USB 模块，可将力学信号转变为数字信号；三是由数据处理模块、数据存储模块、图像显示模块和报告打印模块组成的平衡分析软件。通过该系统能直接形象地得出反映平衡能力的各指标数据。

测试分为双足和单足两种方式。双足平衡测试：两足跟并拢，两足尖分开约 60°，测试时间各为 30s。单足平衡测试：一足站立于测试平台中央，另一足离开平台上方 20~30cm，保持髋关节屈 30°，膝关节屈 90°，测试时间各为 10s。测试分睁眼和闭眼两种情况，每 2 次测试的时间间隔为 1min。实验时受试者全程赤足，两臂自然垂于体侧，两眼平视前方，视野内无移动物体，测试环境保持安静。

测试指标主要有重心动摇轨迹长(Length)、外周面积(Area)、重心平均动摇速度(Avg. v)、X 轴动摇速度(X speed)、Y 轴动摇速度(Y speed)、X 轴平均摆幅(X dev.)、Y 轴平均摆幅(Y dev.)。

(二) 人体动态平衡能力测量与评定方法

人体动态平衡能力是指在运动状态下，对人体重心和姿势的调整和控制的能力。其测量与评定方法主要包括功能性前伸试验、平衡木测试、闭眼原地踏步测试、星形偏移平衡测试、Y 字平衡测试、稳定极限测试、垂直 X 书写测试、Wolfson 姿势性应力试验、巴宾斯基-魏尔二氏试验、视觉反馈姿势描记、BIODEX 动态平衡测试系统、Balance check 动态平衡仪等。

1. 功能性前伸试验(functional reach test, VRT)

通过测试者站立时尽量向前伸展手臂，记录躯体保持平衡时手臂向前可伸达的最远距离来评价自动态平衡能力。该方法最早用于预测老年人跌倒的发生。由于功能性前伸试验仅测试手臂前伸最远距离，评价较为片面，因此，后人对它进行了改良，增加了向后、左、右方向的伸展，形成了应用较为普遍的多向伸及试验。具体测试方法为：测试者双脚穿平底鞋，靠墙边站立，墙上与肩同高处放置一带有刻度的标尺。首先，保持身体矢状面与墙面平行站立，脚内侧缘相距 10cm，手臂前平举，记下指尖的标尺位置(O)，然后要求测试者体前屈，并尽量向前伸手臂，当达到平衡临界点时，检查者记下指尖对应的标尺位置(A)，OA 的水平距离即是向前伸的最远距离。同样的站立姿势,手臂后平举、体背伸,获得向后伸的最远距离。然后,保持身体矢状面与墙面垂直站立,手臂向左右侧平举、体侧屈获得向左、右伸展的最远距离。前、后、左、右4个方向的测试均进行3次,取平均值作为某一方向上伸展的最远距离。评价自动态平衡能力时,以获得的前、后、左、右4个方向上伸展的最远距离的平均值作为分析参数。平均值越大,说明平衡能力越好。

2. 平衡木测试(balance beam test,BBT)

受试者在平衡木上正常行走时,记录从设定的起点到终点的时间,或者在平衡木上往返的时间。时间越短,说明动态平衡能力越好。一般平衡木的大小为高30cm、宽10cm、长10m。

3. 闭眼原地踏步测试(closed cycles test,CCT)

一般使用的测试方法有两种:第一种是受试者闭眼并脚站立于1个直径40cm的圆圈内,以每分钟120步的频率踏步,要求踏步高度与支撑脚踝关节等高,记录其中一只脚踏出圆圈的时间,时间越长,动态平衡能力越好;第二种是受试者闭眼并脚站立,记录两脚跟中点的位置,然后以每分钟120步的频率踏步1min,要求踏步高度与支撑脚踝关节等高,踏步停止后再次记录两脚跟中点位置,把两次记录脚跟中点位置偏移的角度和距离作为评价动态平衡能力的指标。

4. 星形偏移平衡测试(star excursion balance tests,SEBT)

星形偏移平衡测试是指受试者在单腿支撑、保持身体平衡的情况下,非支撑腿分别向前、右前、右、右后、后、左后、左、左前8个方向上伸展的最远距离,每次伸远后非支撑腿要收回与支撑腿并起再进行下一次伸远。伸远距离平均值与下肢长的比值可作为评价动态平衡能力的指标。为了降低练习效应,在正式测试前可进行4次练习。

5. Y字平衡测试(Y balance tests,YBT)

Y字平衡测试改良于星形平衡测试,用于测试动态情况下的身体平衡能力及姿势控制能力。因Y字平衡测试简洁、省时、省力、可靠性高而被逐渐广泛使用。下肢Y字平衡测试是用下肢去"够触"3个方向,在不违反测试规则和不考虑身高和腿长的情况下,距离越远,表示平衡、柔韧、力量、协调和本体感觉能力越好。该测试方法对测试者上/下肢的平衡、柔韧、动作稳定性、核心稳定性等要求较高。

6. 稳定极限测试(limit of stability test,LOST)

稳定极限测试是指双足自然分开,直立于平整、坚实的地面上,在能够保持平衡的基础上身体尽量倾斜,与垂直线形成最大角度。正常人稳定极限测试的最大前后倾斜角度为 12.5°,左右为 16°。

7. 垂直 X 书写测试(vertical X writing test,VXWT)

首先睁眼写一个字母"X",然后闭眼在原来的位置重复 5 次写此字母。把 5 次测试中"X"偏离角度的平均值以及中心偏离距离均值作为检测值。偏离角度或距离越大,说明平衡能力越差。

8. Wolfson 姿势性应力试验(Wolfson postural stress test,WPST)

受试者双脚开立,与肩同宽,腰部系一条皮带,在皮带上连接一条绳子,要求绳子经过一滑轮与一个加重设备相接,通过加重装置的重量增减向受试者后方腰部分别施以体重的 1.5%、3%、4% 的重量,采用计分方法评定受试者保持静态直立位的能力。由于此项测试需要固定滑轮,选定配重,不太容易实施,后人对它进行了改良。改良 Wolfson 测试要求受试者站立姿势不变,腰部皮带上挂握力计。测试者分别从前、后、左、右四个方向牵拉受试者,当受试者不能保持平衡时停止牵拉。握力计读数可作为受试者抗干扰指数,读数越大,说明平衡能力越好。

9. 巴宾斯基-魏尔二氏试验(Babinski Weyl two's test)

受试者闭目,由起始点先向前走 5 步,再向后退 5 步,反复 5 次。观察最后一次前行的方向与起始方向之间的偏斜角度大小,以此判断受试者两侧前庭功能状况。若向右偏斜角度大于 90°,则表明右侧前庭功能较弱;向左偏斜大于 90°,则表明左侧前庭功能较弱。

10. 视觉反馈姿势描记(visual feedback posturography,VFP)

视觉反馈姿势描记的测试原理是:通过压力平板记录人体直立时足底压力中心的变化,进而反映人体姿势稳定性。在视觉反馈姿势描记测试中,受试者通过观察和控制自己重心在显示屏的移动,得出重心移动相关参数,用于评价人体的自动态平衡能力。测试前首先要设定向前、右前、右、右后、后、左后、左、左前 8 个方向的稳定极限值,然后设定 8 个方向上的 50%、75% 或 100% 移动时的稳定极限(limit of stability,LOS)作为目标值(只需选一个)。一切设定完毕,开始视觉反馈姿势描记测试。具体方法是:受试者观察显示屏上自己的重心,移动重心从中心位置依次到 8 个目标方框(显示屏上以边长为 30mm 的方框表示目标值的位置),并尽量在目标方框内保持 2s 以上,重心移动到目标方框内的最长时限为 15s,超过 15s 被视为失败,则开始移动重心到下一目标方框。整个测试过程中,若受试者双脚移动或倾倒,则重新测试。自动态平衡能力分析时,主要分析参数包括重心从中心位置依次移动到 8 个目标方框的时间、迹线长(重心从中心点移动的轨迹长度)、移动平均速度(迹线长/时间)、方向控制(中心点到目标值的位移除以迹线长)。

11. Biodex 动态平衡测试系统(Biodex dynamic balance test system)

受试者脱鞋,站立于测试台上,两手自然下垂,两脚跟并拢,脚尖张开,两脚成 30°角。可测试睁眼、闭眼两种情况,测试难度可以调节。睁眼测试时,双眼注视显示屏,尽量调整身体重心至"十"字坐标轴中心。测评指标包括综合动摇指数、前-后动摇指数、中间-侧方动摇指数。

12. Balance-check 动态平衡仪

Balance-check 动态平衡仪产自德国,是由一台电脑、一个连接传感器的上下踏板和一个扶手构成的。使用 Balance-check 动态平衡仪测试时,受试者须赤足,单足或双足站立在踏板中心。其测试原理是:测试屏幕上由内向外分为中心区域、4、3、2、1 共 5 个区域,测试时由于受试者下肢的不同用力会使位于中心区域的红球发生移动,红球在各个区域里每停留 50ms 就会被记录一次,并获得相应的得分,在中心区域、4、3、2、1 共 5 个区内每停留 50ms 分别获得 30、5、2、1 和 0 分。测试时,受试者可根据红球的移动轨迹,通过提前预判和主观下肢用力尽量将红球控制在中心区域内,以获得尽可能高的分数。平衡得分是反映动态平衡能力强弱的敏感指标,数值越大,则说明人体的动态平衡能力越好。测试指标除平衡得分外,还有最大旋转角速度、平均旋转角速度和平衡等级等指标。

(三)人体平衡能力综合测量与评定方法

静态、动态平衡能力综合测试主要借助测力台或压力板完成。经常使用的测试仪器包括比利时生产的 Footscan 测力台、英国 BPM 平衡仪、以色列产 Tetrax 平衡仪、美国 Biodex 公司生产的 Biodex Balance-sd-2 动静态平衡仪、意大利 TECNOBODY 平衡测试及训练系统等。

静态测试方法主要包括睁眼双脚或单脚站立测试、闭眼双脚或单脚站立测试等。睁眼测试包括视野内有物体晃动和无物体晃动两种情况。评价平衡能力的主要依据是人体重心的移动情况,体现人体重心移动的指标是压力中心。衍生指标包括压力中心摆动的最大距离、平均速率、压力中心轨迹长度、包络面积等。

动态测试方法主要包括步态测试和动态平衡能力中的测试方法(测试过程中同时使用综合测评仪器设备检测相关指标)。动态测试时有时会借助摄像法和表面肌电测试,从动力学、运动学、表面肌电学等几个方面综合分析人体平衡能力。测试时受试者自然站立于测力台或压力板一端(测力台或压力板与地面平行),自然行走经过测力台或压力板另一端,其中至少一只脚踏在测力台或压力板上作为有效测试。评价平衡能力的指标包括左右脚最大压力差异、左右脚最大压力的一个完整步态中的时间、身体重心在额状轴上的最大偏移等。

第三节 人体稳定性测量与分析的应用

人体稳定性对于人体在静止和运动中的平衡具有相当重要的作用,稳定性强的人能最大限度地调控人体的平衡。在体育运动中,人体的稳定性会直接影响动作的成败与成绩的高低。肢体损伤后,人体的稳定性是进行康复评定的重要指标。脑卒中患者的下肢步态平衡能力也是医护人员进行康复监控的评价标准。良好的平衡功能是人们完成各项日常生活、动作的保证,平衡功能障碍必然会影响人们的工作能力,降低生活质量。

一、人体平衡测试的应用范围

人体平衡能力与稳定性的测试适用于多个领域,主要表现在以下几个方面:

(1) 心理紧张程度、社会压力和高级神经类型的测定。

(2) 运动疲劳程度的测量,为科学化训练监控提供工具。

(3) 测试着装和器具(如运动鞋、衣裤、帽、眼镜、球拍、滑雪杖、球棒等)对平衡的影响,并协助调整到最佳状态。

(4) 协助制订训练计划及损伤康复计划,以提高运动成绩。

(5) 测量评定人体平衡能力,对一些疾病进行预测和康复监控。比如老年痴呆症、脑卒中、帕金森病、脊髓小脑性共济失调、四肢骨骼疾病(包括膝关节退行性病变、下肢骨折等)、非颈性眩晕症(包括不明原因眩晕、美尼尔综合征、慢性中耳炎、耳石病变、耳毒性中耳疾病等)的诊断。

(6) 协助运动员选材。对运动员平衡能力进行测定,针对一些项目的选材进行指导。

二、平衡测试的实例(以功能性踝关节不稳者的平衡能力为例)

(一) 功能性踝关节不稳者的静态平衡能力

对功能性踝关节不稳者与正常人进行静态平衡能力的测试,比较功能性踝关节不稳者与正常人静态平衡能力指标的差异,为研究功能性踝关节不稳的康复训练和防治提供理论依据。

1. 实验对象

以 10 名患有单侧功能性踝关节不稳的受试者作为实验组,根据实验组受试者的年龄、形态学指标、运动成绩和训练项目等,匹配 10 名无踝关节伤病的受试者作为对照组。

2. 实验仪器

WIN-POD 平衡功能检测训练系统。

3. 测试方法

测试分为双足和单足两种方式。

(1) 双足平衡测试:两足跟并拢,两足尖分开,双足成约 60°角,测试时间为 30s。

(2) 单足平衡测试:一只脚站立于测试平台中央,另一只脚离开平台上方 20~30cm,保持髋关节屈 30°,膝关节屈 90°,测试时间为 10s。测试分有视觉条件(睁眼)和无视觉条件(闭眼)两种情况,每两次测试的时间间隔为 1min。为减小其他因素对平衡能力的影响,测试过程中要求所有受试者脱鞋进行试验,两臂自然垂于体侧,双眼平视前方,视野内无移动物体,测试环境保持安静。

4. 测试指标

(1) 重心动摇轨迹长(length)测试时间内重心曲线的总长度。

(2) 外周面积(area)测试时间内重心曲线的最大闭合面积。

(3) 重心平均动摇速度($Avg.\ v$)测试时间内重心偏移的快慢程度。

(4) X 轴动摇速度($X\ speed$)测试时间内重心左右方向偏移的快慢程度。

(5) Y 轴动摇速度($Y\ speed$)测试时间内重心前后方向偏移的快慢程度。

(6) X 轴平均摆幅($X\ dev.$)左右方向位移坐标相对于重心平均位置的偏移。

(7) Y 轴平均摆幅($Y\ dev.$)前后方向位移坐标相对于重心平均位置的偏移。

(二) 功能性踝关节不稳者的动态平衡能力

对功能性踝关节不稳者与正常人进行动态平衡能力测试,比较功能性踝关节不稳者与正常人的动态平衡能力指标差异,为功能性踝关节不稳者的运动康复以及运动损伤的预防提供理论依据。

1. 实验对象

以 10 名患有单侧功能性踝关节不稳的受试者作为实验组,根据实验组受试者的年龄、形态学指标、运动成绩和训练项目等,匹配 10 名无踝关节伤病的受试者作为对照组。

2. 实验仪器

Balance-check 动态平衡仪。

3. 测试方法

实验前受试者先进行 5min 的热身活动,然后进行 10min 的测试体验。测试时选择 Balance test 测试模式,测试难度选为"10 hard"(最难的测试模式),测试控制选为"sensor +",测试分双足、左足和右足测试 3 种,测试顺序随机决定(这样可以降低学习效应对测试结果可能造成的影响)。双足测试时,受试者将两足放于踏板上的两足印处;单足测试时,将足放于踏板的中心位置。测试时,受试者放开仪器扶手,保持身体不从上下踏板上滑下,并尽量使红球停留在中心区域内;双足测试的时间为 60s,单足测试的时间为 30s,测试时的视觉条件均为睁眼。为减小实验误差,实验过程中受试者脱袜测试,测试时受试者的两手放在身体两侧;每种测试方式测 3 次,取最好的一次作为实验数据,每两次的测试时间间隔为 1min。

4. 测试指标

(1) 平衡得分(Score)。Score = ($t_{中} \times 30 + t_4 \times 5 + t_3 \times 2 + t_2 \times 1 + t_1 \times 0$) × 1000/50($t_{中}$、$t_4$、$t_3$、$t_2$、$t_1$ 分别为测试时间内红球在中心区域、4、3、2、1 区域所停留的时间;50 则表示 50ms,即红球在每个区域内停留 50ms 被记录一次)。

(2) 最大旋转角速度(Max Rot. speed),即测试时间内转动轴的最大旋转角速度。

(3) 平均旋转角速度(Rot. speed),即测试时间内转动轴的平均旋转角速度。

(4) 平衡等级(Grade)。Grade 是对 Score 大小进行的等级描述。它是评价动态平衡的最直观指标,将动态平衡能力的强弱分为 very good(1.0~1.5)、good(1.6~2.5)、satisfactory(2.6~3.5)、sufficient(3.6~4.5)、insufficient(4.6~5.5)、unsatisfactory(5.6~6.0)6 个等级。平衡等级可以更直观、更形象地评价人体动态平衡能力的优劣。

第七章 人体肌肉活动的测量与分析

人体的运动动作是由肌肉收缩牵拉骨绕关节运动产生的,肌肉的力学特性决定运动中动作完成的效果。肌肉的力学特性一般是指那些可以测量的肌肉力学参数,包括力、长度、速度、功和功率等。在许多运动项目中,运动表现在很大程度上取决于这些参数的大小,人们常把综合的肌肉表现称为肌肉力量。肌肉力量是人体运动机能的基本素质,是人体运动系统在工作时克服或对抗阻力的能力,是影响人体运动能力的基本要素。影响肌肉力量的因素有很多,包括遗传、纤维类型、肌肉质量、神经肌肉协调关系等一系列生理乃至心理因素。人体肌肉活动的测量除静态的力量以外,可以通过肌电技术测量肌肉活动的用力大小、用力时序以及肌肉的疲劳等情况。

第一节 肌肉力量测量

一、影响肌肉力量的因素

肌肉力量受到许多因素的影响,如年龄、性别、肌纤维类型、肌肉横断面积、神经因素、激素水平等。研究发现,在 10 岁以前随着身体的生长发育,青少年肌肉力量都是缓慢而平稳地增长,从 11 岁起,最大力量增长速度加快。青春期后半期是肌肉及肌肉力量发展最快的时期。性别对于肌力水平的影响机制较多见的解释为:男、女荷尔蒙等激素水平的差异造成了男、女肌力水平的差异。肌肉力量的大小取决于快肌纤维和慢肌纤维在肌肉中所占的比例。快肌纤维占比高的人,肌肉收缩力量也大,这是由于快肌纤维较慢肌纤维具有更高的 ATP 酶活性,因此,ATP 分解速度更快,随神经刺激后,快肌纤维肌浆网释放 Ca^{2+} 的速度比慢肌纤维快。肌肉的绝对力量取决于该肌肉的生理横断面积,由肌纤维的数量和大小决定。横断面越大,肌肉收缩时产生的力量也越大,两者接近正比例关系;较大横断面可容纳更多平行排列的肌节,更多的横桥与肌动蛋白结合,肌力潜能就越大。肌肉的收缩速度:向心收缩产生的力量与速度成反比,离心收缩时,速度增加,最大力量也随之增加。运动单位激活频率越高,即运动兴奋性提高,激活数量越多,肌肉产生的力量越大。有效的预拉伸有助于提高肌肉的收缩力。运动损伤和肌肉的老化会影响肌细胞在有氧过程中制造 ATP 的能力,从而导致肌力下降。

力量素质是身体的基本素质。它是人们从事日常生活和生产劳动的需要,也是保障身体健康的重要因素。因此,肌肉力量测试是体质健康测试中最基本、最重要的一项内容。

二、肌肉力量的测试方法

根据发挥力量时肌肉的活动形式,肌肉力量的测试方法可分为以下3种:(1)静力性肌肉力量测试,包括握力、背力、腿部肌肉力量测试等;(2)肌肉耐力测试,包括引体向上、俯卧撑、双杠屈臂伸、仰卧起坐、仰卧举腿、俯卧挺身等;(3)爆发力测试,包括纵跳、立定跳、推铅球、前抛实心球、后抛实心球以及铅球等。肌肉力量的测试手段则主要分为等长、等张和等速测试。

(一)等长肌力测试

等长肌力是指肌肉在一定关节角度的最大静力性力量。该项测试要求有专门的测试仪器,如电子握力计和电子背力计等。等长肌力测试的目的是检测各关节肌肉力量。具体的方法是:等长最大收缩检测 2~3 次,收缩期程大约 5s。取最好的一次成绩为肌力的最终数值。由于仪器携带方便,重量轻,结果重复性好,测试的安全性高,测试效率高,一般适用于实地以及受试者数量多的肌力测验作业。其缺点是:因运动大多是静力性的,所测验的结果不能代表运动肌肉所表现的实际力量。此外,每个关节肌肉的力量大小均不尽相同,因此必须对每个关节进行测试,才能了解被测试者肌肉力量的大致情况。

(二)等张肌力测试

等张肌力测试能够检测得出在各种速度下各关节角度所对应的最大力量以及受测肌群在不同等速状态下出现力矩峰值时所对应的关节角度。它的实质是整个关节活动范围内肌肉能产生的最小肌力。"等张"即张力不变,就如前臂弯举哑铃运动,哑铃在运动期间重量维持不变,但严格来讲使用"等张"一词并不够准确。因为虽然哑铃的重量没变,但受试者的关节角度、肌肉的肌力作用线与骨杠杆的角度以及杠铃和哑铃的重力在各个方向的分力在变,在不同角度肌肉所能发挥的肌力也不同,哑铃的实际重量只是在某关节最薄弱环节的肌肉力量。

(三)等速肌力测试

等速肌力测试不同于等长和等张测试。等速技术首先由 Hislop 和

Perrine 提出，一种关节运动速度恒定而外加阻力呈顺应性变化的动态运动概念和动态肌力评价方法，与非等速测量系统相比，等速测试可独立地测量一个或多个特定动作速度时的力量，具有安全、有效、可重复性高、结果直接反馈等优点。因此，等速测试已成为国际上研究人体肌肉力量必不可少的测量手段，广泛应用于运动员肌肉力量的评定、训练及运动系统疾病的防治和康复等方面。在体育和康复领域运用等速测试方法进行肌力测试取得了不少成果。由于等速肌力训练可提供一种可变阻力，这种训练方式能够减少康复训练中的组织损伤和再损伤的危险性，对运动损伤后的康复训练有重要意义。

等速测试不同于传统的等张、等长测试。它的特点是，在整个运动范围内可以选取恒定的速度，并使工作的肌肉在运动全过程中的任何一点都能产生最大力矩，克服了等张运动的恒力和等长运动的姿态固定的缺点。等速运动时，肌纤维长度可缩短或拉长，引起明显的关节活动，是一种动力性收缩，类似于等张收缩。但在运动中，等速仪器所提供的是一种顺应性阻力，阻力大小随肌肉收缩张力的大小而变化，类似于等长收缩。因此，等速肌肉收缩兼有等张收缩和等长收缩的某些特点和优点。从以往的研究中发现，等速测试的指标主要有峰力矩/相对峰力矩、平均功率和拮抗肌比值。峰力矩是指关节运动过程中相应肌肉或肌群收缩产生的最大力矩输出值，代表肌肉或肌群的最大肌力，被认为是等速测试中的黄金指标。因此，利用等速测试进行研究的报道中，峰力矩是最基本的一项指标。绝对峰力矩因受试者体重的差异而造成的个体差异较大，所以在实际使用中更多地采用标准化峰力矩这一指标。标准化峰力矩又称相对峰值力矩，是峰力矩占体重的百分比，排除了体重的影响因素，可用于不同个体之间力矩的比较。大量研究发现，等速运动中峰力矩的值随着速度的增加逐渐降低，这一结果符合等速运动的一般规律。不过等速测试系统所测的结果单位并不是力，而是力矩，因此该值也只是代表肌肉或肌群的最大肌力，而并非肌力的实际值。平均功率是肌肉或肌群在单位时间内所做的功，反映肌肉或肌群的工作效率。等速测试中，在一定范围内肌肉的平均功率随着运动速度的增加而增加，但当肌肉运动速度达到一临界值时，平均功率反而随着运动速度的加快而下降。拮抗肌比值又叫屈伸肌比率，它反映了整体肌肉或肌群的运动能力和协调性，对预防损伤、保持关节的稳定性有重要意义。尽管等速测试相对其他测试方法来说更为精确，但是，由于等速测试的仪器设备比较昂贵，不太适合大范围的体质测试,因此在学生体质测试中多采用的是等长和等张测试方法。

三、肌肉力量测试的应用

(一)腰背部肌肉力量测试

1. 实验简介

腰背部肌肉力量是人体运动能力的重要指标之一。电子背力计是用来测试人体运动能力的器材。通过它可以简单、便捷地得到腰背力量数据。

2. 测量设备

电子背力计的技术参数如下:

(1) 测量范围:0~400kg。

(2) 分度值:1kg。

(3) 示值误差:1/400F.s。

(4) 电源:1节9V叠式电池。

(5) 工作环境:0~40℃,<90% RH,贮存温度 -10℃~50℃,<75% RH。

(6) 功能:背力峰值保持,开关/清零,定时关机,过载指示。

3. 实验步骤

(1) 连接设备。

(2) 按下仪表开关,使数值显示为0。

(3) 受试者两脚尖分开约16cm,直立在背力计的底盘上,两臂和两手伸直,下垂于同侧大腿的前面,使把柄与两手指尖接触,以此高度固定链长(图7.1)。测试时,受测者两腿伸直,上体略前倾(约30°,两臂伸直,紧握把柄,手心向内,用最大力向上拉。测试3次,以千克为单位记录最大值,记录时,应加上手柄和链条的重量约0.9kg)。

(4) 当显示器数值不为0时,按动按键,便可清零,重复测量3次,每次之间重复休息。

注意事项:测量时,受试者只能通过伸展背部向上拉,禁止用腿力使身体后仰来拉背力计。

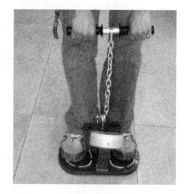

图7.1 背力测量示意图

4. 实验结果

将实验结果填入记录表(表7.1)后,对不同受试者之间的数据进行比较。

表7.1 背力测试结果

姓名	年龄	身高	体重	背力1	背力2	背力3

(二) 等速肌力测试

1. 实验简介

等速肌力测试是肌肉力量的常用检测与评价手段,它可以为运动训练及损伤康复情况的实时测试与评价提供必要的手段。CON-TREX 等速肌力测试系统由电脑、机械限速装置、座椅及附件组成(图7.2);它可用于测试力矩、最佳用力角度、肌肉做功量等多种参数,测试结果能全面反映肌力、肌肉爆发力、耐力,以及关节活动度、灵活性、稳定性等多方面的情况。此方法准确可靠,并能提供等速向心、离心、被动等各种运动模式,是一种高效的运动功能评定和训练装置。该测试广泛应用于神经内科、神经外科、骨科、运动科学及康复医学科等。

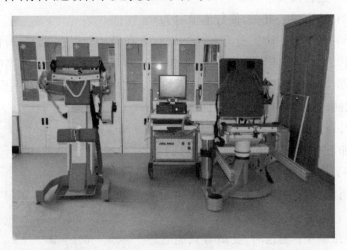

图7.2 CON-TREX 等速肌力测试系统

2. 实验仪器

CON-TREX 等速肌力测试系统的技术参数如下:

(1) 峰值力矩：720N·m。

(2) 峰值角速度：500(°)/s。

(3) 功率输出增值：70kW/s。

(4) 力矩采样率：4000Hz。

(5) 力矩角频率：1000 Hz。

(6) 角分辨率：0.092 等长。

(7) 模式：等长、等张、等速。

3. 实验步骤

(1) 操作流程（以膝关节为例）。

① 选择实验对象，记录受试者相关资料（年龄、体重、伤病史）。

② 调试设备，寻找绝对零位，对机器进行校准。

③ 受试者充分热身后，根据膝关节测试要求调整受试者测试姿势，将对象固定于座椅上，调整座椅位置，在坐姿下使膝关节中心对准动力头中心（如图7.3所示）。设置运动范围限制（不能反关节），做到关节运动保护。

④ 根据测试规范，固定与关节对应的设备配件。

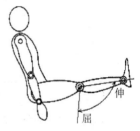

图 7.3 膝关节测量体位

⑤ 选择实验模式与速度等参数信息。体位：坐位，膝屈/伸，等长/等动，向心/离心，角度及时长（屈膝 30°，10s）或速度及重复次数（如：慢速60°/s，5 次；中速 120°/s，5 次；快速 180°/s，5 次）。设置解剖零位，即关节起始位置（零度）并设置关节实际测试的运动范围（ROM，最大伸与最大屈位置，可设置屈膝 10°～90°）。

⑥ 检查运动范围，并进行重力校准，系统将自动进行重力扣除。

⑦ 熟悉测试动作，并开始测试，给予受试者口头鼓励，让其尽最大努力完成膝关节屈/伸运动。

⑧ 记录与分析。

(2) 注意事项。

① 注意安全（受试者、主试者、机器），尤其是离心测试模式下速度的选择、动作不连贯的处理。

② 寻找绝对零位时须拆掉机头上的配件。

③ 运动范围的设置不可超过受试者实际可运动的范围，体位信息要做记录（可重复性）。

④ 热身和熟悉测试模式必不可少。

⑤ 测试时给予受试者口头鼓励。

⑥ 不同测试模式或组间要有一定的时间间隔,避免因受试者产生疲劳而影响测试结果。

⑦ 重力校准不可少。

4. 实验结果

将实验结果填入记录表(表7.2)。

表7.2 实验结果记录表

受试者姓名			年龄		
身高		cm	体重		kg
侧别	关节	模式	速度/角度	力矩值	备注

5. 思考

如何比较不同受试者等速肌力测试的力矩值?

第二节 肌电的测量与分析

一、肌电图及其在体育中的应用

(一)肌电图简介

肌电图(electromyography,EMG)是指将单个或多个骨骼肌细胞活动时的生物电变化加以引导、放大、显示和记录所获得的一维时间序列图形。根据生物电活动引导方法的不同,肌电图可分为表面肌电图(sEMG)和针电极肌电图。由于它可反映肌肉的兴奋程度,因此经常被用来评定神经-肌肉系统的功能状态。其中表面肌电图(sEMG)是从人体皮肤表面通过电极记录下来的神经肌肉活动时发放的生物电信号(图7.4),即肌肉收缩时伴随的电信号。它是各个运动单元动作电位在表面电极处之和。表面肌电图是在体表检测肌肉活动的重要方法,其信号的检测分析在临床诊断、康复医学及运动医学中具有重要意义。因其无创、操作简单,被测者易接受,所以在体育和康复领域也有着广泛的应用。

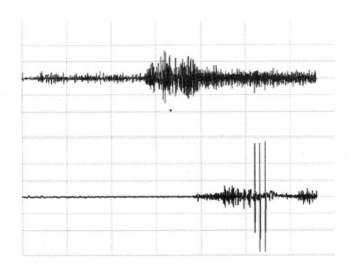

图 7.4　表面肌电信号

（二）肌电信号特性

肌电信号发源于作为中枢神经一部分的脊髓中的运动神经元。运动神经元的细胞体处在其中,其轴突伸展到肌纤维处,经终板区(哺乳类神经肌肉接头为板状接头,故称终板或运动终板)与肌纤维耦合(是生化过程性质的耦合)。与每个运动神经元联系着的肌纤维若干,这种一个运动神经元与其支配的所有肌纤维合在一起,构成所谓的运动单位。运动单位是肌肉的最小功能单位,能被随意地激活。肌电信号是由不同运动单位的动作电位组成的。

肌电信息与肌肉收缩的关系可以概述如下:由中枢神经系统发出传向运动神经末梢分支的运动电位,传递着驱使肌肉收缩的信息。由于神经末梢分支的电流太小,常不足以直接兴奋大得多的肌纤维,但是通过神经肌肉接头处特殊终板的类似放大作用,这样就暴发一个动作电位,沿着肌纤维传播,在动作电位的激发下随之产生一次肌肉收缩。这种兴奋和收缩之间的联结是通过肌纤维内部特殊的传导系统实现的。

（三）肌电信号处理与分析

1. 时域分析方法

时域分析是指将肌电信号看作是时间的函数,通过分析得到肌电信号的某些统计特征,如对肌电信号进行整形、滤波,计算信号时域分析的振幅、积分肌电值(iEMG)、平均肌电值(AEMG)和均方根值(RMS),将其作为信号特征用于模式分类。除了方差能代表信号的能量外,其他大多数指标没有明确的物理意义。由于表面肌电信号比较微弱,往往淹没于各种频段的噪声之中,信号的时域特征难以提取。

2. 频域分析方法

传统的频谱分析方法通过傅立叶变换将时域信号转换为频域信号,然后对信号进行频谱或功率谱分析,常用快速傅立叶变换(FFT)。表面肌电信号的功率谱分析广泛应用于肌肉疾病诊断和肌肉疲劳的检测。表面肌电信号频域分析常用的指标是基于频率谱计算的中值频率(median frequency)、均值频率(mean frequency)、频率范围、最高波峰频率、最高波峰幅值,也可以基于功率谱,计算平均功率频率(MPF)和中位频率(MF)等(图7.5)。频域分析方法在表面肌电信号的检测与分析中具有重要的应用价值。但传统的傅立叶变换法也存在一定的弊端,因为在使用傅立叶变换研究信号时,要求获得信号在时域的全部信息,甚至包括将来的信息,这很难满足。另外,傅立叶变换在时域中没有分辨,信号在某一时刻的变化将影响整个频谱特性。表面肌电信号是具有非平稳性和非线性的随机信号,很多研究采用非线性动力学方法分析肌电的复杂度、信息熵和Lyapunov指数等。小波分析是一种把时域和频域结合起来的分析方法,它是傅立叶变换的新发展,具有可变的时域和频域分析窗口,其作用类似带宽不变、中心频率可变的带通滤波器,在高频时使用短窗口,而在低频时使用宽窗口,从而为信号的实时处理提供了一条可靠的途径。对于不同功能状态下的肌电信号,可以通过适当的小波变换在不同尺度下观察其频率变化和时间特性。

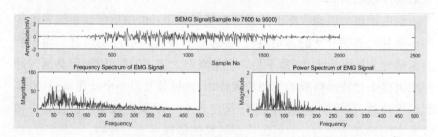

图7.5 表面肌电及谱图(频谱与功率谱)

(四)表面肌电在体育领域的运用

肌电图学在体育科学研究上主要集中于对肌肉力量、时序、贡献度、协调性、肌肉类型和肌肉疲劳的研究。

肌肉张力与肌电振幅之间的关系总体表现为肌肉收缩强度加大,肌电图的幅值增加,即肌肉在以不同张力进行等长收缩时,肌力与肌电之间呈正相关关系。例如,研究等长收缩与表面肌电振幅之间的关系,很容易发现肌肉表面肌电幅度与力量的正相关关系,但不一定是线性相关关系。研究表明,疲劳后表面肌电的振幅与力量大小仍呈正相关关系。

表面肌电图已经广泛应用于有关肌肉反应时研究、肌肉活动的功能分析、肌肉间为完成某个动作相互之间的协调性、肌纤维成分分析等。肌电图可以很好地评定某个动作不同肌肉激活的先后顺序和肌肉发力的顺序,以及它们之间的协调性作用关系和停止活动的先后顺序。例如,利用表面肌电和运动学同步测试方法,对男子高水平拳击运动员后手直拳出拳击打环节进行分析,结果发现,拳击后直拳出拳击打环节所选肌肉活动呈现从下肢向上肢激活的次序性,在肌肉做功百分比和平均振幅方面,三角肌前束、肱三头肌和股二头肌在动作过程中表现出相对重要的地位。又如,在对跳深动作的表面肌电特征研究中,对肌肉运动协调性与神经控制的分析结果表明,肌肉的活动顺序是随着所作用的关节由远到近依次活动。在整个跳深过程中,股四头肌都有较强的肌电活动,肌肉贡献度最大。利用表面肌电信号分析技术结合肢体运动检测进行时间-动作关系分析是人体肌肉运动分析的基本方法之一,也被广泛应用到体育、康复医学和人机工程学等领域。以走为例,在确定与走相关的下肢表层肌肉之后,通过获取这些肌肉在走路过程中的表面肌电信号,研究人员可以观测不同肌肉在走路过程中的激活模式,即激活的时间、激活程度、不同肌肉协调配合的关系等,这一模式对于量化和判断人体走路的肌肉活动具有重要意义。除上述用于评定肌肉活动的时序、贡献度和协调性之外,表面肌电还可以直接用来判定肌纤维的类型。根据二者的动作电位波形,快肌纤维收缩产生动作电位的时间一般比慢肌纤维更早一些,且快肌收缩产生的振幅也比慢肌产生的更大。

对运动性肌肉疲劳的研究较多,为进一步定量认识疲劳,已经有学者提出"肌电疲劳域"的概念。目前用于评价疲劳的肌电图指标主要包括表面肌电信号线性分析中时域分析的振幅、积分肌电值(iEMG)、均方根值(RMS)和频域分析的肌电功率谱、平均功率频率(MPF)和中位频率(MF)等,非线性动力学分析中的肌电复杂度、信息熵和Lyapunov指数等。疲劳时肌电图的一般特征为:表面肌电积分肌电图下降(腰背肌)或上升(四肢肌);表面肌电傅立叶频谱曲线左移,MPF和MF线性下降;sEMG信号的复杂性下降,熵值减小;功能性电刺激诱发的表面肌电峰峰值(peak to peak,PTP)下降。一般认为,疲劳过程中,快肌纤维比慢肌纤维响应更加迅速。如果快肌纤维成分高,平均功率频率(MPF)较高,随着疲劳的发生与发展,下降明显,而慢肌纤维成分多者下降不明显。有学者通过对肌肉疲劳过程中功能性不稳踝关节表面肌电瞬时中值频率的变化特征进行分析,发现比目鱼肌以及腓肠肌外侧头的瞬时中值频率变化在两组之间存在差异,提示功能性踝关节不稳组受试者的中枢控制策略可能发生改变,功能补偿能力存在不足。

二、肌电图测试的应用

(一)表面肌电与力量的关系

1. 实验简介

通过此实验,学习和了解肌肉收缩时肌电活动与关节力量的关系;掌握肌电采集系统设备的组成、连接以及操作,了解肌电采集与分析系统的操作及其应用。

2. 实验仪器

Biovision 表面肌电采集系统、力传感器、表面电极、酒精棉球等。

3. 实验步骤

(1)受试者热身。

(2)告知实验内容,受试者熟悉动作(采用肘关节屈测试动作)。

(3)选择特定肌肉(肱二头肌)作为观察对象,去毛,皮肤处理(75%的医用酒精擦拭),按照表面肌电采集系统提供的标准图谱确定电极贴放的位置(沿着肌肉走向,在肌腹位置,间距2cm),贴放电极片,固定电极片及导线。将力传感器一端固定于腕关节,另一端固定于台桌上。

(4)检查肌电信号与力传感器信号。电极粘贴完成后,必须逐个检查电极的粘贴牢靠性,以及被测肌肉电极是否正确地连接到相应通道;对力传感器进行标定。

(5)信号的采集与保存(信号采样频率一般设置为1000~2000Hz)。采用等长收缩,肘关节屈曲90°,记录表面肌电与力传感器数据。

(6)数据处理和分析。根据受试者肘关节屈曲产生的表面肌电图与力值曲线图,在同一时间轴上同屏比较其关系,表面肌电的处理可采用低通滤波(截止频率6Hz)得到平滑的肌电幅值图,以此与力值图匹配。

4. 实验结果

绘制时间-肌电图、时间-力图(横坐标为时间,纵坐标为表面肌电幅值和力值),分析肌电幅值和力值的关系。

(二)利用表面肌电信号分析肌肉参与程度与贡献

1. 实验简介

通过此实验,学习和了解肌肉收缩时肌电活动与动作的关系,分析不同肌肉在动作中的参与程度及贡献;掌握肌电采集系统设备的组成、连接以及操作,了解肌电采集与分析系统的操作及其应用。

2. 实验仪器

Biovision 表面肌电采集系统、表面电极、酒精棉球等。

3. 实验步骤

(1)受试者热身。

(2)告知实验内容,受试者熟悉动作。

(3)选择特定肌肉(臀大肌、股二头肌长头、腓肠肌内侧头、比目鱼肌、胫骨前肌)作为观察对象,去毛,皮肤处理(75%的医用酒精擦拭),按照表面肌电采集系统提供的标准图谱确定电极贴放的位置(沿着肌肉走向,在肌腹位置,间距2cm),贴放电极片,固定电极片及导线。

(4)检查肌电信号。电极粘贴完成后,必须逐个检查电极的粘贴牢靠性,以及被测肌肉电极是否正确地连接到相应通道。

(5)肌电信号的采集与保存(信号采样频率一般设置为 1000~2000Hz)。每个受试者进行3次跳远动作,以表现最好的一次成绩为准,保存表面肌电信号。

(6)肌电信号的处理和分析(时域)。时域分析是表面肌电信号分析的最直接方法。时域分析将肌电信号看作是以时间为变量的函数,可以在时间维度上反映肌电曲线变化特征。采用积分肌电值(iEMG)。

4. 实验结果

记录受试者跳远的成绩和积分肌电值(iEMG),填入记录表(表7.3)。对测试结果的分析主要包括:(1)通过对不同受试者的跳远成绩以及相应肌肉的积分肌电进行对比分析,初步探索不同成绩受试者的肌电活动特征,分析其对运动成绩的影响;(2)积分肌电这个时域指标可以间接反映运动过程中肌肉的用力状况,从而间接了解到所测起跳腿的肌肉对起跳作用力的贡献程度,以此确定跳远应优先考虑锻炼哪块肌肉。

表 7.3 实验结果记录表

受试者	跳远成绩	臀大肌	股二头肌长头	腓肠肌内侧头	比目鱼肌	胫骨前肌

第八章 人体运动协调性的测量与分析

第一节 人体运动协调性概述

一、人体运动协调的相关概念、定义及归属

目前,不同的体育基础学科中对运动协调没有统一的称谓,对于在身体活动、运动中"协调"这一现象的概念表述主要包括以下几种:运动协调、运动协调能力、协调、动作协调、协调性、身体协调。

关于运动协调的定义,从不同视角可以总结为以下6个方面:(1)把人体看成是一个刚体,把各环节运动作为自由度,从空间状态维度的改变去研究界定。(2)从运动协调水平的外在表现特征的描述去界定,强调有效的、节省的、平稳的外在特征表现。(3)从完成的身体条件及关系去界定,认为协调是身体各部分的综合能力。(4)从时空角度去界定,认为协调是身体各环节在时间和空间上的相互配合。(5)注意到与外界环境的关系的界定。(6)从协调所表现的技术构成去界定,认为协调是一种运动模式。

此外,对人体运动协调属性的看法比较倾向于综合能力,有和素质并列的,有属运动能力的。在一些以专项为视角研究协调的文献中,也有把其归为运动技能的,但数量较少。国外对运动协调能力的看法比较倾向于运动模式,认为它具有运动技能的特点,此外还倾向于认为它是与运动技能有关的一种体能。

二、运动协调的结构与分类

(一) 一般训练学层面上运动协调的结构

1. 运动协调的要素观点

这种观点的研究者把协调性的组成分为几个要素。例如,德国学者葛欧瑟认为,协调能力包括灵活性、学习能力、空间定向能力、反应能力、节奏、平衡准确等;田麦久认为,协调能力包括反应能力、时间感知能力、空间感知能力、适应调整能力、协同动员能力。

2. 运动协调的层次观点

这种观点从认知发展的角度对运动协调进行层次划分,把运动协调

层次划分为本能运动协调、感知运动协调、操作运动协调、基本操作运动协调和专业操作运动协调。

3. 运动协调的模式观点

该观点把协调分为固有协调结构与新形成的协调结构。

4. 运动协调的专项观点

在运动训练学中,将运动协调能力按专项关系分为一般协调能力和专项协调能力。一般协调能力是指在训练过程中运动员完成一般练习所表现出来的协调能力;专项协调能力是指在训练过程中运动员完成专项练习所表现出来的运动协调能力。

5. 运动协调的生理学系统构成观点

该观点认为,协调能力在运动技术的完成过程中,主要有神经的协调、肌肉的协调和声动觉的协调。

6. 运动协调的影响因素观点

该观点认为,人的动作协调能力的形成和发展必定受到自身体能和心能等多种因素的影响。他把前者简称为体能要素,把后者简称为心能要素,而两者的关系便形成了协调能力结构,并依此提出了人体运动协调能力的一个结构模式。

7. 运动协调的表现形式观点

国外有些研究者把运动协调分为全身协调、双手协调、多肢体协调、手眼协调、手脚协调等。

8. 不同分类标准的观点

比较典型的分类是,从肢体间的关系、知觉-运动器官的联系方式、动作主体与客体的关系、身体活动方式与肌肉工作性质等方面对动作协调能力进行分类和架构。

9. 系统的观点

该观点把竞技协调能力分为心理能力、适应调整能力、生理能力、协同配合能力、运动智力等。

(二)专项层面上运动协调的结构

各专项的运动协调的结构及分类多是从要素角度提出的,如短跨运动员专项协调的研究、足球运动员协调能力研究以及散手运动员协调性研究等。

第二节 人体运动协调性的测量方法

目前,人体运动协调性的测试方法较多,大致分为简单动作(技能)测评法、量表测评法与仪器测评法3种。

一、简单动作测评法

(一)双脚连续跳测试

(1)测量意义:主要反映受试者在连续跳跃过程中的速度感、节奏感,以及眼与脚的协调动作能力和下肢肌肉力量。

(2)适用对象:3岁至6岁的幼儿。

(3)场地器材:秒表、皮尺、软方包(长)。

(4)测试方法:使用卷尺和秒表测试。在平坦地面上每隔0.5m画一条横线,共画10条,每条横线上横置一块软方包(长10cm,宽5cm,高5cm),在距离第一块软方包20cm处设立起跑线,如图8.1所示。

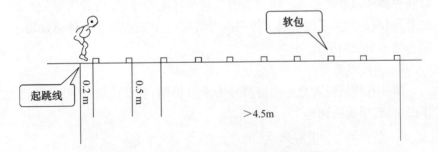

图8.1 双脚连续跳测试场地示意图

测试时,受试者两脚并拢,站在起跳线后,当听到"开始"口令后,双脚同时起跳,双脚一次或两次跳过一块软方包,连续跳过10块软方包。测试员在受试者起动时刻开表计时,当受试者跳过第十个软方包双脚落地时,测试员停表(图8.2)。测试两次,取最好成绩,记录以秒为单位,保

图8.2 双脚连续跳测试过程示意图

留小数点后一位,小数点后第二位数按"非零进一"的原则进位,如"10.11秒"记录为"10.2秒"。

(5)注意事项:测试时,如果受试者两次单脚起跳跨越软方包、踩在软方包上或将软方包踢乱,则重新测试。

(6)评价标准:中国幼儿双脚连续跳评价标准见表8.1。

表8.1 中国幼儿双脚连续跳评价标准(单位:s)

组别	性别	5分	4分	3分	2分	1分
3岁	男	<6.6	6.6~9.1	9.2~13.0	13.1~19.6	19.7~25.0
	女	<7.1	7.1~9.7	9.8~13.4	13.5~20.0	20.1~25.9
3.5岁	男	<6.1	6.1~8.2	8.3~11.1	11.2~16.9	17.0~21.8
	女	<6.2	6.2~8.4	8.5~11.2	11.3~17.0	17.1~21.9
4岁	男	<5.6	5.6~7.0	7.1~9.1	9.2~13.1	13.2~17.0
	女	<5.9	5.9~7.3	7.4~9.5	9.6~13.4	13.5~17.2
4.5岁	男	<5.3	5.3~6.4	6.5~8.1	8.2~11.2	11.3~14.5
	女	<5.5	5.5~6.7	6.8~8.5	8.6~11.9	12.0~14.9
5岁	男	<5.1	5.1~5.9	6.0~7.2	7.3~9.8	9.9~12.5
	女	<5.2	5.2~6.1	6.2~7.5	7.6~10.0	10.1~12.7
5.5岁	男	<4.9	4.9~5.6	5.7~6.8	6.9~9.3	9.4~11.9
	女	<4.9	4.9~5.7	5.8~6.9	7.0~9.2	9.3~11.5
6岁	男	<4.4	4.4~5.1	5.2~6.1	6.2~8.2	8.3~10.4
	女	<4.6	4.6~5.2	5.3~6.2	6.3~8.3	8.4~10.5

(引自国家体育总局.国民体质测定标准手册(幼儿部分)[M].北京:人民体育出版社,2013.)

(二)投准测试

(1)测量意义:主要反映受试者视觉与上肢动作的协调能力。

(2)适用对象:7岁至老年人。

(3)场地器材:投掷靶的规格为60cm(高)×40cm(宽),其下缘离地面的高度为60cm,标准垒球若干个。

(4)测试方法:靶与投掷线的距离根据投掷者的年龄而定,9岁为9m,10岁为10m,11岁为11m,12岁为12m,13岁以上一律为13m。受试者手持垒球站在投掷线后,原地将球经肩上投向靶心。共投10次,计算命中率。

（5）评价标准：命中率 = 中靶次数/10×100。投掷的命中率越高，说明受试者的视觉与手臂的协调性越好。

（三）敲击实验

以反映节奏感为目的的左右手交替敲击动作实验。实验分两个难度部分：第一，无休止符变节奏：以 O X X O X X O XXO 为一个单元；第二，有休止符变节奏：以 O X-XO X-O X XXO 为一个单元，其中"O"、"X"各代表不同的手的敲击（固定下来），"-"代表一拍的休止。以上两个部分分别记录连续10个单元的节奏失误次数（节奏感）、持续时间和左右手敲击失误数。

（四）其他测试方法

1. 上肢协调性测试

（1）双手交替拍球，双手胸前传球：记录1min拍球、传球次数和掉球次数。

（2）指鼻试验：快速指出所要求的面部部位，记录出错次数。

（3）轮替动作：两手快速做旋前旋后的交替运动，共济失调者动作缓慢、快慢不均、不协调并笨拙。

（4）双手交替下劈：以快速动作左右手交替用小鱼际下劈物体。

（5）双手非对称性拍击：双手分别拍击不同部位。

2. 下肢协调性测试

（1）跳方格测试：规定单脚跳、双脚跳及交替跳的路径。

（2）十字跳：平整场地划出"十"字区，标号为左下是1，右上是2，左上是3，右下是4，测试者双脚并拢按"1-2-3-4-1-2-3-4……"的顺序快速、连续跳跃，定时计分。每次跳对记1分，跳错扣1分。

（3）左右交叉步接并步起跳：准备活动常用动作，双脚左右交叉并横向移动，接双脚并步起跳。

（4）侧跨接后交叉步并步走：准备活动常用动作，先侧跨步再双脚左右交叉横向移动。

3. 全身协调性测试

（1）30m节奏跑：平整30 m跑道，起点处测试者站立式起跑，按"右-左-左-右-右-左-左-右……"的节奏，按时间计时为成绩标准。

（2）原地垫步摆腿跳：跳远常用准备动作，观察腿部和上肢的协调性。

（3）行进垫步体前后双手击：记录出错频率和进行速度。

(4) 跳绳：通过双脚跳、单脚跳、两脚交换跳、双摇、花样双臂前交叉跳来检测连贯性，选择适当的方法次序跳 1min，记录次数。

(5) 摆腿双手拍击：左右摆腿的同时双手拍击，不断加快速度，记录错误频率。

(6) 立卧撑：支撑后跳跃的反复动作，记录 1min 立卧撑次数。

(7) "十"字变向跑、5m 折回跑、综合变向跑：选择合适的跑步方式，记录跑步时间。

二、量表测评法

Fugl-Meyer 量表法（上肢）如表 8.2 所示。它可用于检测被试者的上肢反射活动、屈肌共同运动、伸肌共同运动、伴有共同运动的活动、上肢各部位的分离运动、腕稳定性、手指灵活性及力度和指鼻运动这几个方面。Fugl-Meyer 量表法（下肢）如表 8.3 所示，它可用于检测被试者的下肢反射活动、屈肌共同运动、伸肌共同运动、联合的共同运动、分离运动、正常反射活动、协调和速度这几个方面。

表 8.2　Fugl-Meyer 评定量表（上肢）

部位	项目	得分标准
上肢（坐位）	Ⅰ. 上肢反射活动	
	1. 肱二头肌腱反射	0 分：不能引出反射活动；2 分：能够引出反射活动。
	2. 肱三头肌腱反射	
	Ⅱ. 屈肌共同运动	
	3. 肩关节上提	
	4. 肩关节后缩	
	5. 外展（至少 90 度）	0 分：完全不能进行；1 分：部分完成；2 分：无停顿充分完成。
	6. 外旋	
	7. 肘关节屈曲	
	8. 前臂旋后	
	Ⅲ. 伸肌共同运动	
	9. 肩关节内收/内旋	
	10. 肘关节伸展	0 分：完全不能进行；1 分：部分完成；2 分：无停顿充分完成。
	11. 前臂旋前	

续表

部位	项 目	得分标准
上肢（坐位）	Ⅳ. 伴有共同运动的活动	
	12. 手触腰椎	0分：没有明显活动；1分：手必须通过髂前上棘；2分：能顺利进行。
	13. 肩关节屈曲90度（肘关节位0度时）	0分：开始时手臂立即外展或肘关节屈曲；1分：肩关节外展及肘关节屈曲发生较晚；2分：能顺利充分完成。
	14. 在肩关节0度、肘关节90度时前臂旋前旋后运动	0分：在进行该活动时肩关节0度，但肘关节不能保持90度和完全不能完成该动作；1分：肩关节正确位时能在一定范围内主动完成活动；2分：完全旋前、旋后活动自如。
	Ⅴ. 分离运动	
	15. 肩关节外展90度，肘关节0度位，前臂旋前	0分：一开始肘关节就屈曲、前臂偏离方向不能旋前；1分：可部分完成这个动作或者在活动时肘关节屈曲或前臂不能旋前；2分：顺利完成。
	16. 肩关节屈曲90～180度，肘关节于0度位时前臂旋前旋后	0分：开始时肘关节屈曲或肩关节外展发生；1分：在肩部屈曲时，肘关节屈曲，肩关节外展；2分：顺利完成。
	17. 在肩关节屈曲30～90度位时前臂旋前旋后	0分：前臂旋前旋后完全不能进行或肩肘位不正确；1分：能在要求肢位时部分完成旋前旋后；2分：顺利完成（该阶段者要得2分，那么病人在第Ⅴ阶段必得6分）。
	Ⅵ. 正常反射活动	
	18. 肱二头肌腱反射	0分：至少2～3个反射明显亢进；1分：一个反射明显亢进或至少2个反射活跃；2分：反射活跃不超过一个并且无反射亢进。
	指屈肌反射	
	肱三头肌腱反射	
腕	Ⅶ. 腕稳定性	
	19. 肘关节90度、肩关节0度时背屈腕关节	0分：患者不能背屈腕关节达15度；1分：可能完成腕背屈，但不能抗阻；2分：有些轻微阻力仍可保持腕背屈。
	20. 肘关节90度、肩关节0度时屈伸腕关节	0分：不能随意运动；1分：患者不能在全关节范围内主动活动腕关节；2分：能平滑地不停顿地屈伸腕关节。

续表

部位	项 目	得分标准
腕	21. 肘关节0度、肩关节30度时,背屈腕关节	评分同项目19的标准。
	22. 肘关节0度、肩关节30度时屈伸腕	评分同项目20的标准。
	23. 腕环形运动	0分:不能进行;1分:活动费力或不完全;2分:正常完成。
手	Ⅷ. 手的活动	
	24. 手指共同屈曲	0分:不能屈曲;1分:能屈曲但不充分;2分:(与健侧比较)能完全主动屈曲。
	25. 手指共同伸展	0分:不能伸;1分:能够主动屈曲的手指(能够松开拳);2分:能够充分主动伸展。
	26. 握力1:掌指关节伸展并且近端和远端指间关节屈曲,检测抗阻握力	0分:不能保持要求位置;1分:握力微弱;2分:能够抵抗相当大的阻力抓握。
	27. 握力2:所有关节于0度时拇指内收	0分:不能进行;1分:能用拇食指握住一张纸,但不能抵抗拉力;2分:可牢牢捏住纸。
	28. 握力3:拇食指可以夹住一支铅笔	
	29. 握力4:能握住一个圆筒物体	
	30. 握力5:能握球形物体(如网球)	
	Ⅸ. 协调性与速度:指鼻试验(快速连续进行5次)	
	31. 震颤	0分:明显震颤;1分:轻度震颤;2分:无震颤。
	32. 辨距不良	0分:明显或不规则的辨距障碍;1分:轻度或规则的辨距障碍;2分:无辨距障碍。
	33. 速度	0分:较健侧慢6s;1分:较健侧慢2~5s;2分:两侧差别少于2s。
总积分		

表8.3　Fugl-Meyer 评定量表(下肢)

部位	项目	得分标准
下肢（仰卧位）	1. 反射活动	
	a. 膝腱反射	0分：不能引出放射；2分：有反射活动。
	b. 跟腱反射	
	2. 屈肌共同运动	
	a. 髋关节屈曲	0分：不能进行；1分：部分运动；2分：充分运动。
	b. 膝关节屈曲	
	c. 踝关节屈曲	
	3. 伸肌共同运动	
	a. 髋关节伸展	0分：没有运动；1分：微弱运动；2分：几乎与对侧相同。
	b. 髋关节内收	
	c. 膝关节伸展	
	d. 踝关节伸展	
坐位	4. 联合的共同运动(坐位)	
	a. 膝关节屈曲	0分：无主动活动；1分：能屈曲但小于90度；2分：膝屈曲大于90度。
	b. 踝背屈	0分：不能主动屈曲；1分：部分屈曲；2分：正常屈曲。
站立	5. 分离运动(站立,髋关节0度)	
	a. 膝关节屈曲	0分：不能屈膝；1分：膝能屈但小于90度或伴有髋关节屈曲；2分：能自如活动。
	b. 踝关节背屈	0分：不能主动活动；1分：部分能背屈；2分：充分背屈。
坐位	6. 正常反射活动(坐位)	
	膝部屈肌反射	0分：2~3个反射明显；1分：1个亢进或2个活跃；2分：不超过1个反射活跃。
	膝腱反射	
	跟腱反射	

部位	项　目	得分标准
仰卧位	7. 协调和速度（跟胫试验,反复5次）	
	a. 震颤	0分：明显震颤；1分：轻度震颤；2分：无震颤。
	b. 辨距障碍	0分：明显或不规则的辨距障碍；1分：轻度或规则的障碍；2分：无障碍。
	c. 速度	0分：比健侧长6s；1分：比健侧长2~5s；2分：两侧相差小于2s。
总积分		

三、仪器测评法

（一）EP711双手调节器和EP001计时计数器

双手调节器是一种典型的动作技能操作仪器（图8.3）。它是通过双手的操作,合作完成设定的曲线轨迹运动,即右手完成目标的上下移动,左手完成目标的左右移动。以受试者完成任务所用的时间及偏离轨迹的次数作为衡量其多次练习后的进步水平。

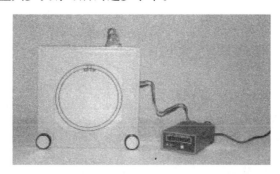

图8.3　EP711双手调节器和EP001计时计数器

具体测评方法如下：

（1）用电缆线连接双手调节部件和计时计数器。

（2）接通电源,双手调节部件的目标光斑发出红光,计时器数显为0。

（3）主试事先将双手调节器上的目标光斑调到起始位。

（4）播放实验指导语："这是一个双手协调动作的实验。你顺时针旋转右手旋钮,目标光标向上移动;逆时针旋转右手旋钮,目标光标则向下移动。你顺时针旋转左手旋钮,目标光标向右移动;逆时针旋转左手旋钮,目标光标则向左移动。你的任务是,将目标光斑沿着曲线轨迹但又不超越轨迹运动。要求你又快又准地完成1周运作。走完1周后,休息1min。整个过程运作10遍。"

(5)受试者理解指导语后,即可开始试验。每走完1周,主试记录结果,按"复位"键,以便受试者继续操作。

(二)双手调节器 BD-V-302

本仪器可用于测试双手的协调能力。采用双手摇动或手指旋转方式,使目标进行前后、左右移动,从而完成沿图形轨迹的运动。由目标在图案中移动的速度与正确性判断手眼协调能力、双手协调能力及双手分配能力。

测试方法如下:

(1)将液晶触摸屏的连线插入控制器机箱上方内部的插座中,液晶触摸屏平放在机箱上。仪器上方支框采用专用7英寸液晶触摸屏设计。如采用电脑等,相应显示屏可以在旁直立,可能视觉有不方便之处,但不影响实验。

(2)连接液晶触摸屏或电脑。接通并打开+5V电源。程序先依次绘制3个图案。

(3)选择动作方式,拨仪器一侧的选择开关"摇"或"旋"。

(4)按"图案选择"键,选择测试所用的图案。目标在标注的"开始位"(图8.4)。

图8.4 双手调节器测试示意图

(5)按"开始"键,蜂鸣声响,计时开始。要求受试者通过"摇"或"旋"的动作,左右或前后移动,使目标从图案的一端描绘到另一端或绕环一周。不得超出图案的边缘,目标超出图案一次,记一次错误。实时显示目标移动时在图案中的正确时间以及超出图案的错误时间。实时显示移动轨迹,图案内为白色,图案外为黑色。描绘整个图案所需要的时间越短和所犯的错误越少,则说明双手动作协调性越好。

（6）目标进入"终止位"或按"停止"键，蜂鸣声响，实验结束，显示正确、错误及总时间，显示出错次数、时间正确率、轨迹正确率（图8.5）。

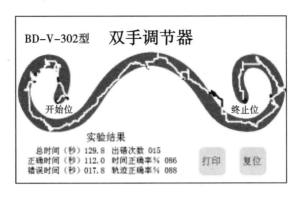

图8.5 双手调节器测试结果

（7）如果重新开始，则按"复位"键，设定的实验条件不变。如果中断实验，也可按"复位"键。

第三节 人体运动协调性测量与分析的应用

运动协调性的测量对儿童健康成长、运动员选材、动作技术的提高等有重要作用。

一、3~6岁幼儿协调能力的测量与分析

（一）测试器材

秒表、皮尺、软方包。

（二）测试方法

（1）记录测试者的基本信息。

（2）使用卷尺和秒表测试。在平坦地面上每隔0.5m画一条横线，共画10条，每条横线上横置一块软方包（长10cm，宽5cm，高5cm）。在距离第一块软方包20cm处设立起跑线测试时，受试者两脚并拢，站在起跳线后，当听到"开始"口令后，双脚同时起跳，双脚一次或两次跳过一块软方包，连续跳过10块软方包。测试员看见受试者起动即开表计时，当受试者跳过第十个软方包双脚落地时，测试员停表。测试两次，取最好成绩，记录以秒为单位，保留小数点后一位，小数点后第二位数按"非零进一"的原则进位，如"10.11秒"记为"10.2秒"。将测试结果记入表8.4。

（3）注意事项：测试时，如果受试者两次单脚起跳跨越软方包、踩在

软方包上或将软方包踢乱,则重新测试。

表 8.4 测试结果记录表

姓名	性别	年龄	第一次成绩	第二次成绩

(三) 评价

采用表 8.1 的评价标准对幼儿的协调性进行评价。

二、双手协调能力测试

(一) 实验仪器

双手调节器。

(二) 实验内容

采用图 8.5 双手调节器测试双手协调能力,要求采用两种方法:(1) 不固定测试时间,完成测试曲线的要求(记录测试时间和出错次数)。(2) 固定测试时间,完成测试曲线的要求(记录出错次数)。

(三) 测试方法

(1) 接通电源,将描绘针放在要求描绘图案的一端。

(2) 按"开始"键,蜂鸣声响,开始计时。要求受试者从图案的一端描绘到另一端。如果描绘针离开图案位置,蜂鸣声响,并且记一次错误。

(3) 描绘针的左右或前后移动分别由两个摇把控制,因此描绘的速度和操纵两个摇把的双手动作协调性有关。描绘整个图案所需时间越短和失败次数越少,则说明双手动作协调性越好。

(4) 再按"开始/停止"键,蜂鸣声长响,计时计数器停止。

(5) 下一个实验重新开始,按计时计数器"复位"键。

(四) 记录数据

(1) 不固定时间测试,记录完成时间和出错次数,填入表 8.5 中。

表 8.5 不固定时间测试结果记录表

不固定时间	完成时间(s)	出错次数(次)
①		
②		
③		
④		

(2) 设定固定时间 100s，测试完成程度和出错次数，将结果填入表 8.6 中，分析固定时间对双手动作协调性的影响。

表 8.6　固定时间 100s 测试结果记录表

固定时间(100s)	时间(s)	完成程度	出错次数(次)

(五) 实验结果分析和思考

(1) 分析不固定时间测试时，测试次数对完成时间和出错次数的影响。(以测试次数作为横坐标，完成任务所用时间及出错次数作为纵坐标，将每次测试结果确定在坐标上的位置，连接各点组成练习曲线。)

(2) 分析固定测试时间对出错次数的影响。

主要参考文献

[1] 卢德明.运动生物力学测量方法[M].北京:北京体育大学出版社,2001.

[2] 陆爱云.运动生物力学[M].北京:人民体育出版社,2010.

[3] 赵焕彬,李建设.运动生物力学[M].3版.北京:高等教育出版社,2008.

[4] 李建设,赵焕彬.运动生物力学实验[M].2版.北京:高等教育出版社,2008.

[5] 雷福民,权德庆.体育统计教程[M].北京:科学出版社,2010.

[6] 丛湖平.体育统计学[M].2版.北京:高等教育出版社,2007.

[7] 李世明.运动技术诊断概论[M].北京:科学出版社,2014.